I0796488

El niño resentido

CÉSAR GONZÁLEZ

El niño resentido

R

RESERVOIR NARRATIVA

Papel certificado por el Forest Stewardship Council®

Primera edición: mayo de 2025

Printed in Spain – Impreso en España

ISBN: 978-84-10352-15-5
Depósito legal: B-4.572-2025

Impreso en Liberdúplex
Sant Llorenç d'Hortons (Barcelona)

RK 5 2 1 5 5

A mi hija, Aymara, y a Nadia, por darla a luz
y bancarme tantos años. A la Naza, mi madre.
A la Geno, mi abuela. A la memoria de mi tía Flavia
y de todos mis amigos que mueren en este libro.
A Patricio Montesano, mi hermano del alma.

La mierda flota

El departamento quedaba en la planta baja de unos monoblocks deteriorados de tres pisos color bordó. Yo recién había cumplido cuatro. Mamá tenía veinte años, como mi tía Irene, la dueña de casa. Estaban sentadas a la cabecera de la mesa, al fondo del comedor, cortando, fraccionando y envolviendo con prolijidad la cocaína en unos pequeños rectángulos de papel glasé de colores brillosos.

Los compradores entraban y salían en segundos con eléctrica satisfacción. Aprovechando que la puerta estaba abierta, me escapé alborotado y sin que nadie se diera cuenta; a los pocos pasos caí en una cloaca sin tapa de un par de metros de profundidad. Fui hundiéndome y ahogándome hasta que una mano me aferró de los pelos y me sacó. Era Patri, una joven vecina que vivía cerca y que al verme caer salió corriendo a rescatarme. Tuvo que meter la cabeza entre la mierda y luchar a ciegas en la líquida oscuridad para encontrarme. Alertada por los gritos desesperados, mi madre corrió, me agarró y me puso boca abajo, me apretó el pecho una y otra vez para que largara toda el agua podrida. Vomité varias veces. En el baño y bajo la tenue presión de la ducha me refregó un largo rato tratando de sacarme el hedor de la piel. Luego me llevó al Posadas, un hospital gigante, a pocos metros del barrio. Salvado por la rápida intervención de una vecina y de la salud pública, volví con mi madre a casa. Ella cree que allí me volví asmático.

Aún sigo sin saber nadar.

Una isla

Nací en la Carlos Gardel, una villa al oeste del conurbano bonaerense, a solo cinco kilómetros de Capital, donde la desesperación por la pobreza hizo florecer una rica tradición delictiva. Diez hectáreas de angostos pasillos. Casas pegadas una al lado de la otra, enanas y precarias, de techos de chapa, paredes sin revocar y pisos de tierra. Alguna, como la mía, tenía patio y árboles; la mayoría no. El embaldosado de cerámica o la cubierta de membrana eran considerados de millonarios.

Al lado de este asentamiento estaba el complejo de monoblocks. Juntos, villa y monoblocks, formaban una isla de hacinamiento que se inundaba frecuentemente. Odiábamos la lluvia. Y odiábamos la obligatoria vida pública de la isla, donde no existía la intimidad, la calma contemplativa; un espacio común de privaciones y conexiones clandestinas a todo tipo de servicios.

En 2009 la urbanización mejoró notoriamente las condiciones materiales de la villa. Y eso hizo que la gente se aburguesara, pero persistieron ritos, costumbres, modos de ser, de hablar, de vestirse, una forma de euforia.

Los de afuera quedan obnubilados ante lo que ven y escuchan. Lo que al extranjero le fascina al nativo le resulta rutinario, lo que no quiere decir que se aburra; es entre la monotonía misma del barrio donde surge su particular belleza.

Pero a la vez es un ambiente que conspira contra la escritura y toda forma de interioridad. Acá adentro es difícil encontrar el silencio adecuado para una mínima concentración. Es imposible abstraerse del ruido histérico que sucede alrededor. A metros de la puerta de mi casa han caído pibes baleados y apuñalados, chocan autos y patrulleros luego de severas persecuciones. La sangre, el caos, la violencia policial y el aura de jóvenes destruidos respiran en mis ventanas mientras escribo esto. Me intimida la presencia de otros pibes que resucitan mi pasado. Me los cruzo todos los días a cualquier hora, haciendo sonar sus motos, paseándose brillantes y soberbios. Muchos de ellos van cayendo muertos; a otros, con suerte, se los llevan presos.

La avenida Marconi

La avenida lateral a la villa miseria era como pasear un pedazo de carne ante los hocicos de unos perros hambrientos. Si se escuchaba el chillido de unas cubiertas, no había mucho que pensar: le estaban robando a un auto en la esquina de mi casa.

Había disparos, los autos descarrilaban, volcaban, se estrellaban contra alguna pared o pasaban por arriba de los pibes. Podía ocurrir que el emboscado justo fuera un policía de civil o portara un arma y que terminara matando a algún pibe.

El pasillo donde con mi hermano Leo, amigos y primos solíamos jugar a las bolitas o a la pelota desembocaba en la avenida. De repente aparecían los pibes chorros y cruzábamos el destartalado portón. Nos subíamos a alguno de los árboles que había en el patio de nuestro hogar para ver con más claridad la salvaje secuencia. Sin importar la velocidad a la que venían, los pibes salían al cruce de los autos apuntando con sus armas hacia el puesto del conductor. Si no frenaban, los pibes sabían esquivarlos como toreros. En muchos casos salían a robar sin armas y lograban su cometido con un pedazo de fierro envuelto en una remera. "Los paracoches", les decían. Robaban, sobre todo, gracias a su comportamiento teatral. Sabiendo manipular cada detalle del cuerpo. Como tigres que nacieron sin oro y no paran hasta conseguirlo. Por eso casi todos los coches frenaban. Era tan asidua esta actividad, tan recurrente para tantos pibes, que ni siquiera la presencia policial lograba amedrentarlos. Si había un patrullero haciendo guardia, los pibes se alejaban a la distancia que les brindara el tiempo suficiente para frenar un auto y sacarle todo lo posible antes de que el patrullero llegara hasta ellos.

Dos madres

Mi madre, Carla Nazarena Moreno, nació el 6 de mayo de 1972. Ni ella ni su madre, Genoveva, se criaron con un padre y ninguna terminó sus estudios primarios. La Naza me dio a luz a los dieciséis en una sala del edificio monumental del Posadas. Para entonces ya estaba cansada de recibir golpes y maltratos de quien en términos biológicos y legales figura como mi padre: Julio César González, que era diez años mayor que ella.

¡Sos igual a tu papá!, me decía mi mamá cuando se enojaba conmigo y eso me humillaba hasta el suplicio. Porque yo no quería parecerme en nada a ese cobarde, aunque de cara evidentemente lo éramos. Tuvo razón al odiarme tanto tiempo. Veía en mi rostro a su verdugo. Convertía mi parecido físico en una semejanza absoluta.

A los pocos meses de mi nacimiento volvió a quedar embarazada, pero de otro hombre, al que apodaban Nene. En agosto del 90 dio a luz a mi hermano Leo. Luego, en el 91, nacería mi hermana Daiana, hija de mi padre. En el 94, Melanie, hija del mismo padre que Leo. El próximo sería Joel en 1998, hijo de otro: Culacha.

Siempre vivimos en la casita de mi abuela Genoveva, nacida en Salta en 1945, quien arribó a muy temprana edad a Buenos

Aires y nunca más regresó a su provincia, ni siquiera de visita. Mi abuela siempre se dedicó al trabajo de limpieza; fue rotando por distintos lugares hasta que encontró un empleo fijo en una textil, donde mantuvo su puesto de encargada de limpieza por más de treinta años. Se jubiló con la mínima porque la empresa la mantuvo casi hasta el último día en la informalidad. Ella es una de las fundadoras de lo que primero fue un asentamiento y luego la villa Carlos Gardel. Ya desde que era muy pequeño la recuerdo yéndose a trabajar en las primeras horas de la mañana y volviendo muy tarde, a veces de noche. Su humilde salario saciaba el hambre voraz. Su dinero era el único que había, alcanzaba para muy poco y encima cada vez éramos más, porque con nosotros vivía mi tía Flavia, su otra hija, menor que mi madre y que también pariría por primera vez a los dieciséis.

Junto con ella nos encargábamos de todas las tareas del hogar porque mi abuela no estaba en todo el día y mamá se la pasaba en lo de Irene.

Linyera

Cuando tenía cinco años mi mamá dejó definitivamente a mi papá, es decir, lo echó de casa, donde el hombre insistía en permanecer. De los pocos recuerdos agradables que tengo junto a mi progenitor están casi todos relacionados con el fútbol, escuchando algún partido de Racing por la radio o alguna que otra vez que me llevó a la cancha. Cuando íbamos, recuerdo que antes del partido me hacía mendigar las monedas necesarias para poder comprar las entradas.

Una vez me llevó a ver el debut de Maradona como director técnico de Racing, en la cancha de Ferro. Mi padre me subió a sus hombros y mis ojos se encandilaron ante un Diego que renegaba mientras sus rulos flameaban majestuosos a lo lejos. Antes, mirando el Mundial de Estados Unidos, habíamos sufrido desconsolados cuando se complotaron para sacarnos a Diego por un falso doping. El luto se había adueñado de todo. Miramos el siguiente partido contra Rumania, por los octavos de final, como si estuviéramos en un velorio. Una neblina espectral se había expandido por todos lados. Recuerdo su llanto, el mío y el de todos los vecinos.

Era un borracho interminable. Hablaba y su aliento a vino barato te noqueaba. No trabajaba y para colmo ni siquiera era ladrón, pero siempre tenía plata para alcohol. No nos daba nada y buscaba conformarnos con algún juguete roto que encontraba cirujeando. Me tocó un padre linyera y que le pegaba a mi mamá. Sus acciones y su aspecto me ubicaban muy abajo en la jerarquía callejera y me hacían blanco fácil de todas las burlas.

Don Segundo y doña Tomasa

Cuando finalmente mi mamá lo echó, se mudó con sus padres a dos metros de nuestra casa, un verdadero aguantadero en el que mi abuelo —otro borracho descollante— organizaba todo tipo de juegos clandestinos y mediaba cuando estallaban las peleas. Eran tardes de chamamé y damajuanas, costumbres de Santiago del Estero, Tucumán, Corrientes y Chaco, de donde provenían la mayoría de las familias. Muchos de los gallos utilizados en las riñas luego terminaban hervidos en cacerolas o asados en parrillas al aire libre, que alimentaban a una gran cantidad de personas, entre las que estábamos mis hermanos y yo. A mi abuelo le decían don Segundo, como a Sombra. Era un enano carismático y divertido, de piel dura y oscuro marrón. Le encantaba analizar partidos y jugadores de fútbol conmigo.

Gallos, patos, cerdos, ovejas y pavos rondaban a los apostadores que jugaban al truco sentados en troncos de árboles alrededor de una mesa en el centro del patio de tierra apisonada. A un costado siempre había una olla hirviendo animales o una parrilla encendida con carne encima. Transcurrían distintos juegos a la vez: dados, riñas, naipes. El alcohol barato no paraba de circular y compartirse.

A medida que pasaban las horas, a los asistentes se les iban torciendo las bocas, se meaban encima, vomitaban o dormían en el piso. Más de una vez tuve que despertar a mi padre y ayudarlo a incorporarse.

Antes de morir de diabetes a los setenta años, a Segundo le fueron amputando el cuerpo de a retazos: un dedo del pie, luego el pie, la pierna, la otra pierna y los dos brazos. Siendo solo un torso, mantuvo la picardía hasta su último suspiro.

Cuando eso ocurrió, mi abuela doña Tomasa —de plebeyos orígenes italianos— se mudó junto con el resto de mis tíos y primos a General Rodríguez. En las pocas imágenes que conservo de ella va rengueando y sonriendo sin dentadura, disfrutando de la parafernalia de su alocado aguantadero.

Las excursiones

Junto con mi hermano Leo y otros pibes más grandes empujábamos un enorme y pesado carro de madera y ruedas de acero con cierta resonancia a las carretas de la época colonial que dibujábamos en la escuela. Salíamos al terminar las clases y los fines de semana desde muy temprano en la mañana. Recorríamos muchos kilómetros por los barrios de clase media abriendo bolsas de basura, recolectando botellas de vidrio y cobre, aluminio, cartón, bronce, los materiales que se venden más rápido. Después de varias horas de caminata quemábamos los cables con cobre, que largaban un horrible olor tóxico, y llevábamos lo recolectado a un galpón. La suma recibida rondaba siempre entre los dos o tres pesos para cada uno. Pero más allá de la importancia de conseguir algo de dinero, salir a cirujear representaba una gran aventura, conocer lugares remotos y fantásticos. La villa siempre se miraba para adentro, por eso el salir con el carro era como habitar un sueño; mis ojos brillaban ante esos chalets y solía imaginarme viviendo en alguno. A veces tocábamos timbre para pedir donaciones, muchas veces nos regalaban ropa usada, electrodomésticos rotos o algo para comer. Era normal que en medio de las caminatas se nos apareciera un patrullero, nos diera la voz de alto, los oficiales nos revisaran y maltrataran un poco, nos llenaran de preguntas, nos tomaran los datos para dejarnos ir con la irrevocable condición de volver urgentemente a la villa y dejar de merodear la zona.

Otra forma de hacer unas monedas era revisando los autos robados que traían los pibes más grandes. Como justo en la esquina de casa había una calle de tierra bastante ancha, esta funcionaba como uno de los lugares predilectos para el abandono de los autos robados. Eso nos daba la ventaja de meternos antes de que llegaran los adultos. De lo contrario, debíamos conformarnos con lo que ellos habían desestimado: restos de cables que contenían cobre o alguna parte con aluminio. Obviamente todo esto sucedía a espaldas de mi abuela, en el horario en que ella trabajaba, y cuando mi tía Flavia estaba estudiando o escuchando rock junto con sus amigas.

Ángeles y demonios

Mi abuela Genoveva detestó siempre todo lo relacionado al delito y nos obligaba a acompañarla a la iglesia. Evangelista extrema, fiel a sus creencias, le debo mi capacidad de leer a los cuatro años cuando me hacía estudiar la Biblia. Yo memorizaba páginas enteras del Viejo Testamento, que siempre prefirió al Nuevo: le gustaba más el dios riguroso y vengativo, capaz de ahogar a casi toda la humanidad sin que se le moviera un pelo, el que quemaba ciudades, por sobre el dios ridículamente compasivo e indulgente, que había mandado a matar a su propio hijo para perdonar nuestros pecados.

También me obligaba a leer *La Nación*, que traía de la fábrica donde trabajaba, y muchas veces compraba suplementos culturales o las colecciones enciclopédicas que acompañaban el diario. Grecia, Roma, Egipto, Edad Media, Guerras mundiales. Y las colecciones enteras de VHS de Disney que veíamos felices con mis hermanos. Además, acostumbraba a ponernos películas de temática bíblica. Antes de los seis años había visto *Ben-Hur*, de William Wyler; *Los diez mandamientos*, de Cecil B. DeMille, o *Rey de Reyes*, de Nicholas Ray.

Hacía mucho por nosotros y lo único que pedía a cambio era que la acompañáramos a la iglesia el fin de semana, cuando no le tocaba trabajar en la fábrica. Traía pastores y hermanos del templo, que se la pasaban un largo rato orando, gritando, entrando en trance y hablando en una lengua incomprensible para limpiar la casa de esas fuerzas oscuras que impedían que mi mamá superara su adicción a la cocaína y se alejara del delito. Yo acompañaba esos rituales evangélicos con sumo entusiasmo, era un niño de fe, que también oraba a los gritos e iba solo a la iglesia si mi abuela no podía llevarme. Como me aprendía rápido los fragmentos de la Biblia y me envalentonaba al recitarlos, empecé a ser considerado una promesa de pastor. Mi abuela, en pleno éxtasis, vociferaba a los cuatro vientos que Dios me había adjudicado el estatus de profeta. Yo creía firmemente en Dios, creía en mi abuela, por lo tanto, aceptaba sin reproches una vida miserable.

Cada vez éramos más personas viviendo en el mismo espacio, cada vez más bocas entre las que repartir el alimento, pero teníamos que mantenernos sumisos, el mundo nos odiaba, aunque Dios nos amaba. Y si los pibes robaban era porque estaban poseídos por el demonio. Lo más cercano a una conciencia y una explicación políticas lo escuché en boca de mi madre, que cuando se quedaba en casa ponía los noticieros solo para escupirles odio y desconfianza. Insultaba con nombre y apellido a políticos, a periodistas, a empresarios. Festejaba cuando alguna noticia relataba el asalto exitoso a un banco o a un camión blindado. Maldecía cuando los robos salían mal. Se entristecía cuando la noticia era sobre un delincuente abatido.

Noches huérfanas

Mi abuela y mi tía nos abrigaban con cuidado y acompañábamos felices la hora de rezar arrodillados frente a la cama y pedirle a Dios por la protección de mamá. Aunque no sentíamos rencor por su ausencia, la extrañábamos por las noches, cuando se quedaba vendiendo droga con Irene. Eran épocas de tiroteos despiadados entre pandillas y ella andaba ahí en medio de bélicas tinieblas. Hermanos, abuela y tía rotábamos tres o cuatro en cada cama cada noche. No nos sorprendíamos si se escuchaban las frenadas de los autos avisando que estaban robando en la esquina. Salvo que el asunto pasara a mayores y sonaran disparos o gritos, seguíamos durmiendo como si nada.

Una templada madrugada de 1996 irrumpieron desde el portón unos alaridos familiares; mi tía Irene venía a avisar que mi madre había caído presa por robo. Mi abuela recibió la noticia con arrogancia, sin sorprenderse, más bien confirmando sus intuiciones. Entendí todo al instante, me dolió, pero me mantuve en sintonía con el desapego de mi abuela. Era un desenlace que todos esperábamos y una opción digna: a sus veinticuatro años mejor presa y viva que muerta y dejando a cuatro niños sin mamá.

Al otro día tuvimos más precisiones: junto con dos cómplices fueron a robar a punta de revólver a Ramos Mejía, una zona de clase media-alta. A pesar del buen botín, o por él, se excedieron en confianza. Mientras le sacaban todo a un tipo en una plaza apareció un patrullero, los policías se bajaron corriendo y los detuvieron ahí nomás. Los dos varones recuperaron rápidamente su libertad por ser menores de edad, en cambio mi madre quedó alojada en una comisaría de Isidro Casanova, y el hecho de ser la única adulta de la banda fue un agravante jurídico.

Con mi abuela y mis hermanos la visitamos unos días más tarde. En la comisaría empecé a vincularme más con ella. La visita duraba tres horas y transcurría envuelta en ternura. Teníamos un tiempo para nosotros que afuera nunca tuvimos. Ahí ya fui aprendiendo las manías y los códigos necesarios para una vida respetable en el mundo carcelario. Conocí lo que es ser desnudado para ser requisado antes de entrar. Conocí toda la red de solidaridad tejida entre los familiares en las filas de horas de espera aunque lloviera, tronara, hiciera calor o frío, para ver a sus seres queridos.

Mi mamá era de las más picantes, alguien que piloteaba el pabellón. Carismática, astuta y con coraje para dominar al resto y ejercer un micropoder dentro del gran poder de la cárcel. Para afuera era una presa más, pero hacia adentro era alguien relevante. La tristeza era proporcional al orgullo y contrarrestaba el desprecio que sentía hacia mi padre.

Tras un año en la comisaría la trasladaron al penal de Los Hornos, a unos noventa kilómetros. Ya no podíamos ir a verla tan seguido. Pasaron varios meses hasta que fuimos con mis hermanos. La visita era al aire libre, en uno de los patios. La fila de familiares era mucho más larga, avanzaba muy lentamente y había que llegar bastantes horas antes. La visita era más corta. Ahora todo era más tétrico. La imagen del penal con sus paredes altas y deshechas, las garitas con sus centinelas en cada esquina, las púas, los pasillos, las ventanas con ropa colgada, la cantidad de guardiacárceles, el exceso de humedad y del color gris, todo me provocaba mucho más miedo. Lloré en la fila y cuando nos fuimos. En este nuevo presidio mi mamá nos trajo de regalo distintas artesanías típicas de la cárcel: un barco y diversos cofres hechos con palitos de helado, elaborados manualmente con sutileza y perfeccionismo.

La plaza Alsina

Durante la estadía en prisión de mamá, mi padre cada tanto aparecía por la casa con juguetes encontrados en la basura, borracho y cantando canciones de Racing a viva voz.

Pero peor era cuando se presentaba a la salida de la escuela. Ese croto que olía a vino tinto me avergonzaba, y a la vez me causaba cierta misericordia. Con mis hermanos un poco nos alegrábamos de que nos fuera a buscar y no tener que volvernos caminando en soledad, como todos los días. Nos llevaba a la plaza Alsina, cerca de la escuela, y en el camino de retorno nos hacía revisar bolsas de basura. A mí eso no me disgustaba para nada, todo lo contrario. En muchas ocasiones hallábamos juguetes en muy buen estado o algún objeto de valor que podía venderse después. En esa misma plaza cometí mi primer robo.

La ocasión hace al ladrón

Tarde soleada de otoño del 96. Mamá ya estaba presa. Yo tenía siete años y un amigo más grande, Javita, vino a buscarme a casa con su bici, un modelo antiguo. Yo iba en el asiento de atrás. Dando vueltas por ahí llegamos a la plaza Alsina. Nos acercamos hasta donde unos pibes jugaban un partidito de fútbol. Observamos que de un lado de la cancha dos árboles oficiaban de arco y del otro lado habían armado dos montañitas con ropa y piedras. En determinado momento, uno de los pibes se sacó la camiseta que llevaba puesta; nada menos que la azul de la selección argentina del Mundial 94, la del partido contra Grecia y el gol exquisito de Diego al ángulo que culminó una maravillosa jugada colectiva.

Nos miramos con mi amigo y sin mediar palabra me acerqué disimuladamente hacia donde estaba la camiseta, la agarré y salí corriendo. Javita empezó a pedalear, a los pocos metros y en un solo salto ya me había subido al asiento de atrás de la bici. Sentí la furia de esos pibes susurrándome en la nuca, pero nunca nos alcanzaron. Solo nos separaban doce cuadras de nuestra villa. Al llegar comprobamos que la camiseta era original y que estaba casi nueva. Mi primera Adidas original de fútbol. Agitados nos prometimos guardar el secreto. A quien nos preguntara diríamos que la habíamos encontrado en un coche robado abandonado.

La usábamos algunos días cada uno.

Boxes

En esa época eran muchos los pibes que se dedicaban al robo al estilo piraña en la avenida Marconi, no solo de autos, sino de quien iba en bici, en moto o caminando. Una vez que los entraban al barrio los abandonaban. A veces ni siquiera abrían el baúl o revisaban la guantera. Les alcanzaba con quedarse con el estéreo, la plata y las alhajas. El resto era para el vecindario, que los desmantelaba en minutos.

Cuando se consideraba que el desarme había concluido, los incendiaban. Los esqueletos estaban por todas partes y aunque las grúas del municipio ingresaban continuamente para llevárselos, las esquinas y los pulmones de los monoblocks se llenaban de esos armazones de metal. Entonces la policía empezó a amontonarlos en el campito —unas seis hectáreas de verde con varias canchitas de fútbol— que separaba al barrio del Posadas.

De esos autos robados comían un montón de familias. Algunos preferían llevarse el cobre; otros, el aluminio; otros se conformaban con alguna rueda. La rueda se dividía entre quienes se quedaban con la cubierta y los que se quedaban con la llanta. Alguien arrancaba una butaca, otro se iba con los espejos y no faltaba quien se llevara la nafta. Todo servía, todo era vendible.

Les decíamos "los sacatuercas" a los pibes que arribaban con sus cajas de herramientas, cual mecánicos de Fórmula 1, casi junto con los autos robados y lograban desmantelar y llevarse piezas enteras e intactas en un cortísimo lapso de tiempo. A los más chicos, además de hacernos con las sobras de los grandes, nos encantaba romper los vidrios y prender fuego los autos, aun cuando todavía tenían cosas valiosas para sacar. He visto quemarse a muchos niños mientras los autos explotaban. He visto los mejores autos de su generación incendiados por un grupo de pequeños insolentes. He visto los mejores modelos de Mercedes Benz o Alfa Romeo arder en los valles del subdesarrollo.

David y Goliat

Era el hijo del linyera y de la presa. Me decían huérfano, ciruja. Vivía peleando.

Una tarde que habíamos terminado de jugar un partido de fútbol, un pibe, con la complicidad humillante de los demás, empezó a burlarse sin parar. Me tenía de punto. Nunca me atrevía a responderle: más grande en edad, me llevaba además unas cuantas cabezas. Pero esa vez sin que nadie lo esperara, mientras volvíamos caminando, me acerqué y le metí una piña en el pómulo izquierdo con toda la bronca y el odio acumulados. Su reacción no se hizo esperar, me llenó de golpes, me tiró al piso y me pateó la cabeza. Sin embargo, el resto de los pibes me respetó como nunca; me sentí David contra Goliat. Necesitaba ejercer violencia para frenar la que ejercían sobre mí, pero el martirio continuaba en la escuela.

Estaba en tercer grado y una tarde le anuncié a mi tía Flavia que ya no iría más. Atormentados, mis hermanos tampoco querían ir. Nos ausentamos unos tres meses y a la casa empezaron a venir asistentes sociales y autoridades. Me hicieron pasar de año igual.

Tormenta

En los patios de los monoblocks, esos pulmones entre los edificios, los balazos retumbaron con tonos graves. Con el Peca y David, amigos inseparables desde el jardín de infantes, dejamos de patear la pelota. Dedujimos que no era alguien tirando al aire como solía pasar, sino un enfrentamiento entre bandas.

Al escuchar la balacera aproximándose supimos que se trataba de él. Le decían el Loco Jerry, era un exmilitar vuelto ladrón de bancos que tenía el hábito de herir o matar a todo aquel a quien no consideraba un delincuente de verdad. Se había ganado el apodo de Antichorro porque frecuentemente les rompía las rodillas a los pibes que se aparecían con autos robados, porque para él atraían a la policía y perjudicaban a los profesionales de su talla.

Las balas sonaban cada vez más cerca, los gritos se multiplicaban, las puertas y las ventanas se iban cerrando. Michi, la madre de mi amigo David, nos refugió en la planta baja de su casa. Desde adentro sentimos pasar corriendo a los pistoleros. Se escucharon varios disparos más. Luego, unos segundos de aterrador silencio seguido de gritos desesperados que pedían ayuda. Abrimos la puerta y caminamos hacia el monoblock 2, donde, boca abajo, yacía Tormenta. Tenía diecinueve años y cuando se quedó sin balas en el cargador, el Loco Jerry lo acribilló sin piedad por la espalda. Su cuerpo estuvo tirado un largo rato, nadie se animaba a acercarse ni a tocarlo por temor a las represalias de su asesino.

El olor de las almas encerradas

Agobiada con nosotros cuatro y el encarcelamiento de mamá, mi abuela decidió internarnos en un orfanato. Subimos con ella a un auto sin saber adónde iríamos. A la hora llegamos hasta un lugar en medio del monte. El chofer nos dejó en la entrada de un edificio que parecía una escuela o una fábrica. Apenas pisamos el hall sentí ese olor conocido por visitar a mamá, el olor a almas encerradas. No tardé en darme cuenta de lo que estaba pasando y odié a mi abuela con toda el alma. Pronto alguien nos separó de ella. Quedamos en una sala y mientras un gigante sin rostro cerraba la puerta, mi abuela entró a una oficina. Pasamos un largo rato en silencio.

Atormentada por la culpa, la abuela se arrepintió y volvimos todos a casa junto a mi tía Flavia, ya embarazada de Brenda, su primera hija, y mi tío Marcos.

Los días transcurrían sin salir. No íbamos a visitar a mamá, tampoco a la escuela. No quería jugar a la pelota ni ver a nadie. Prefería quedarme refugiado con mis hermanos y evitar el calvario de burlas.

A los ocho años de edad, mi primera gran depresión.

El sonido de la libertad

Golpes insistentes contra la estropeada puerta de chapa verde nos hicieron saltar de la cama una madrugada de primavera. Era mamá. Escuché su voz mientras me despabilaba, la reconocí y corrí a abrazarla adelantándome a mis hermanos, que vinieron rápidamente a colgarse de ella. Mi madre insistió en conocer a Brenda, su primera sobrina, de solo unas semanas. La alzó, la besó. "Si Mahoma no va a la montaña, la montaña viene a Mahoma", dijo. La alegría nos desbordaba, nadie se esperaba su libertad, ni siquiera ella. En teoría todavía le quedaban por cumplir unos años de condena, pero ¡qué importaban las razones! La habían largado en medio de la noche, hizo dedo, se subió a un camión, luego a un tren y caminó las cincuenta cuadras desde Liniers a casa. No la solté en ningún momento, nos íbamos turnando en su abrazo con mis hermanos. Esa madrugada dormimos todos juntos en la misma cama, pegados a ella como garrapatas. Al otro día, el sol recuperó un poco de su color y volvimos a la escuela, llevados de su mano.

Cable

Vagando una tarde por el barrio, mi hermano Leo vio cómo un auto robado entraba a toda velocidad por una de las calles centrales del monoblock 4, doblaba y se metía en un baldío. Corrió hacía allí y observó con cautela detrás de una pared. Esperó a que se fueran los pibes y tuvo la audacia de revisarlo rápidamente y la suerte de encontrar una billetera repleta debajo del asiento del conductor. Yo jugaba a la bolita en el pasillo con mi amigo Andrés cuando lo vi venir corriendo con el rostro desfigurado de la felicidad. Vení, hermano, vení, me dijo. Una vez dentro de casa, de su pantalón sacó la billetera y me contó lo sucedido. No, hermano, no me vio nadie, ni los que estaban al lado mío. Es decir, las otras pirañas que aguardaban a la expectativa y que llegaron al unísono con él. Apareció mi mamá e interrogó a mi hermano.

En la billetera había unos diez mil pesos. Una fortuna. Mi mamá y mi abuela retaron fuertemente a mi hermano, pero esa plata ya no se podía devolver.

Vivimos una semana a puro lujo. Ropa y zapatillas para todos, pizza con Coca-Cola, una heladera y una tele. El televisor anterior apenas funcionaba; las veces que lográbamos encenderlo era para contemplar los cuatro o cinco canales de aire que llegaban con una pésima señal, en imágenes verdosas y opacas, rayadas de interferencia.

Ahora podíamos aspirar a tener cable.

Junto con Javita, coautor de mi primer robo, ideamos la manera de colgarnos del cable, beneficio que disfrutaban los que vivían cruzando los miserables cuatro metros de la avenida, frontera de la villa y la sociedad.

El objetivo no era tan difícil. Como mi amigo vivía enfrente de casa y nuestra ubicación dentro de la villa era muy cercana al exterior solo necesitábamos unos veinte metros de cable, una escalera y que nadie nos viera. Cuando conseguimos todo lo que nos hacía falta, esperamos a que se hiciese bien de madrugada y cruzamos al poste donde sabíamos que había una boca de conexión. Apoyamos la escalera, Javita se había hecho de pinzas y otras herramientas, subió y empezó a trabajar. Mamá nos ayudó, vigilando que no viniese la policía. En cuestión de pocos minutos mi amigo ya estaba abajo nuevamente. El próximo paso era cruzar el cable por arriba de la avenida, con una altura y tensión suficientes para que ningún camión lo cortara. Fuimos ubicando y ajustando el cable entre las ramas de los árboles que cubrían el trayecto de unos veinte metros desde la avenida hasta nuestras casas. Una vez que nos aseguramos de que se mantenía alto y firme, probamos conectar a la tele nueva la ficha en la que terminaba la punta del cable. Javita enroscó, ajustó y se hizo la magia: la imagen era nítida y la cantidad de canales parecía infinita. Sentí un asombro similar al que habrán sentido los espectadores que vieron la primera proyección del cinematógrafo de los hermanos Lumière; un asombro perturbador, la certeza de estar ante una poderosa alquimia; me enamoré inmediatamente de todo lo que aparecía en la pantalla. Luego de comprobar que la señal llegaba correctamente,

Javita extendió el cable hasta su casa, y la magia se repitió allí también. Éramos los primeros en esa zona de la villa que teníamos televisión por cable. Convertidos en los duques del pasillo, un nuevo mundo se extendía ante nuestros ojos. Hipnotizados hacíamos zapping entre películas que nunca habíamos visto; partidos de fútbol de ligas internacionales, de básquet o de vóley. En vivo y en directo.

Los primeros días, salvo por la escuela, casi no nos movimos. Mamá ponía una película tras otra, iba haciendo una lista de las próximas que debíamos ver y la dejaba pegada en la puerta de la heladera, tenían prioridad aquellas de reciente estreno. Nunca había ido al cine. Por lo que esas noches en casa, con las luces apagadas, el colchón tirado en el piso donde nos acomodábamos con mis hermanos y mamá, se asemejan a la experiencia de una sala cinematográfica. Pero la alegría duraría pocos días. Un camión cortó el cable y alguien de afuera de la villa descubrió la conexión clandestina.

Obligados a rediseñar el plan fuimos con Javita a buscar otra boca de expendio. Hallamos una sobre la misma cuadra, pero cincuenta metros más lejos. Ahora el peligro de ser vistos por buchones vecinos de clase media era mayor. Hubo que comprar más metros de cable y pensar una forma mejor de cruzarlo por lo alto de la avenida. Se sumó a colaborar mi tío Marcos, el novio de Flavia. Sus consejos determinaron una conexión segura y perdurable. Retornaron las noches cinéfilas, el fútbol europeo, los dibujos animados. En esa televisión el mundo real parecía un sueño al alcance de la mano. La mejor mentira para la verdad de nuestra miseria.

Estrella

Veíamos películas casi todos los días y a veces más de una. En su mayoría cine estadounidense, aunque me encontraba algunas rarezas en las madrugadas de la TV Pública o I-Sat. Luego debatíamos. Con mi mamá y mi tía repasábamos las escenas favoritas, polemizábamos sobre el trabajo actoral , nos enamorábamos de algún personaje y nos quejábamos si las tramas eran previsibles.

Al tiempo, empezamos a representar escenas. Mamá era la que desplegaba más pasión, interpretaba diferentes roles, jugando con la voz imitaba con muecas a ciertas estrellas del cine. Mi mejor infancia fue como espectador de mi madre, protagonista de sus propias películas.

El Loco Jerry

El Loco Jerry caería al poco tiempo. Agrupadas, las víctimas de su crueldad lo emboscaron una madrugada entre los monoblocks. Primero lo desarmaron, luego lo amordazaron, atando sus manos y tapando su boca. En un baldío, rodeado de ventanas de los monoblocks, lo hicieron arrodillar y comenzaron a torturarlo. El Loco Jerry lloró, pataleó y luchó desesperado del dolor. Al amanecer, su cuerpo apareció descuartizado en el interior de un tacho de basura. La Carlos Gardel entera, que lo odiaba, mantuvo un silencio total esa mañana. Nunca volví a escuchar un silencio parecido. Nadie se animaba a salir de las casas, la información de su muerte se iba compartiendo en voz baja. Nadie lo podía creer. ¿Quién había sido capaz de desafiar y acabar con el tirano? Había rumores, pero los mismos informantes se desdecían rápidamente. La mayoría guardó el secreto y celebró el fin del terror de este señor melancólico de la dictadura. Durante toda esa jornada se escucharon tiros al aire que festejaban el inicio de un nuevo orden en el barrio. Volverían los pibes chorros a estar tranquilos.

Socios en el infierno

Al Peca también lo matarían de forma muy parecida cuando cumpliera veintidós. Pero antes de llegar al desenlace tengo para contar una vida frenética a su lado. Nos iniciamos juntos en todo. El primer porro, el primer pase de merca, las primeras pajas con revistas pornográficas que le robaba a un tío, la primera pastilla de rivotril, mis primeros robos. Fue en su casa que escuché a los Beatles. Su padre, el rengo Carlitos —le habían amputado una gamba de raíz tras un escopetazo en un tiroteo con una banda rival—, ponía los primeros discos, los más cercanos al rocanrol, cantaba las canciones con fervor y las bailaba en una pata, jugando con las muletas. Yo pasaba mucho tiempo en esa casa, muy superior en términos materiales a la mía. Tenían un poco de plata gracias al abuelo del Peca, que laburaba desde hacía décadas como albañil y en sus días libres siempre trabajaba en algo para mejorar su vivienda.

El Peca, en realidad, se llamaba Jonatan. Era un flaco huesudo, de un metro setenta, con la piel bien blanca, la cara llena de pecas rojas y el pelo negro y enrulado. Habíamos hecho juntos el jardín de infantes y la escuela, y nos habíamos jurado desde muy chiquitos que seríamos delincuentes. Algún día andaríamos por el barrio en supermotos y llenos de oro.

A los diez años, una tarde veraniega de sábado, salimos de la villa con la intención de robar bajo la modalidad “escruche”, aprovechar para desvalijar alguna casa cuando no hay nadie. Pero le terminamos sacando la bici a un nene de nuestra edad que jugaba solo en una vereda a dos cuadras de nuestra escuela. Tuvimos que abandonar la bici a los pocos metros porque se le salió la cadena, y yo me asusté y la tiré a un lado. Llegamos exhaustos de tanto correr. Nos sentíamos unos bandidos a los que la policía estaría buscando por cielo y tierra. Una vez en el barrio nos recriminamos el uno al otro por no habernos traído la bici a pesar de la cadena salida. A los pocos días iríamos a robar de nuevo. A la semana otra vez. Siempre bicis y a niños como nosotros, pero de otra clase social. Las vendíamos por muy poco, pero tampoco nos costaban mucho. La sociedad prepara a unos para ser los delincuentes y a otros para ser los damnificados; esos nenes nos veían y ya sabían que tenían que entregar sus bicis, se asustaban ante nuestra sola presencia. Mientras, seguíamos yendo a la escuela, donde nos iba bastante bien. En el aula tratábamos de comportarnos como alumnos normales, nuestra picardía se manifestaba en los recreos y fuera del establecimiento. Obviamente mi mamá y mi abuela acusaban al Peca de descarriarme y llevarme por el camino del pecado. Para Alejandra, la madre del Peca, eso era lo que yo representaba. Ninguna madre acepta que no existen las malas juntas, que lo que existe es un encuentro ineludible de vidas similares en la misma esquina y por las mismas razones.

Un lugar más grande

Ninguno soportaba su casa. La calle era un lugar más amplio, aireado y divertido. Con el Peca vagabundeábamos con el objetivo de estar lo más cerca posible de los pibes más grandes, que se dedicaban al robo. Les hacíamos los mandados y cada día ganábamos mejores propinas y mayor confianza. Obedecíamos mientras los estudiábamos en detalle. Eran leyendas vivientes. Queríamos ser como ellos, andar en supermotos, con las últimas zapatillas, derrochar gloria entre el barro. Esconder lo mejor que se pudiera nuestra horrenda miseria.

Mientras tanto mantenía el entusiasmo por la escuela. Me gustaba estudiar, pero a la vez en mi ser latía un deseo de volverme ladrón y abreviar mi destino. También iba a la iglesia con mi abuela, aunque de manera esporádica. Muchas personalidades convivían en mí: el evangelista con el ladrón, el estudioso con el vagabundo, el violento y desagradable en la escuela con la víctima que sufría la misma o mayor violencia de otros pibes en el barrio.

ADN

La primera gran borrachera fue a esa edad, para una Navidad. Estaba junto con otros amigos hinchas de Racing que me llevaban unos siete u ocho años y vivían ahí nomás: Silvio, Dani, Teco y Diego. Conocidos por su devoción al alcoholismo y su simpatía hacia músicas desconocidas en el radar del barrio. Dani era fan de INXS y Radiohead; Teco y Diego, de los Rolling Stones y de las miles de bandas que los evocaban en Argentina: Los Gardelitos, los Ratones Paranoicos, Blues Motel. Silvio era el que siempre aparecía con las cosas más raras. Escuchábamos esa música en una esquina, justo en frente de la casa de Teco, Diego y Dani, que eran hermanos, y no faltaba quien pasara y se burlara de nosotros por nuestros gustos musicales.

Apenas había caído la noche y yo ya me había bajado una botella de tinto comprado a escondidas. Vomité por toda la casa y antes de las doce estaba durmiendo. Mi mamá me dio una merecida paliza: más que nunca me resultaría imposible desmentir su acusación de que yo era igual a mi padre. Aunque me había jurado no parecerme en nada, era fanático de Racing como él, iba a la cancha en modo barrabrava y junto a otros adultos me agarraba grandes borracheras en el ida y vuelta del largo viaje en colectivos y tren. Pulsiones genéticas, gritos del ADN y su propia memoria.

Ritornelo de nombres y hechos

Mi mamá llevaba varios meses en libertad cuando nos dijo que esperaba otro bebé y nos presentó a su nuevo novio. Ella acababa de cumplir veintiséis y él, diecinueve. Se llamaba Julio César, le decían Culacha y era un conocido delincuente repudiado en el barrio porque a veces robaba a los vecinos para mantener su adicción. Gentil y bondadoso durante el día, se transformaba bajo los efectos de la cocaína. Allí empezaban las peleas con mi madre, que en ocasiones tenían un desenlace sangriento. En noviembre nacería Joel, mi cuarto hermano. Su llegada pareció calmar un poco la violencia entre ellos. Ahora en nuestra casilla había dos nuevos bebés: Joel y Brenda. La familia aumentaba, pero el espacio mantenía sus dimensiones. Estar en la calle era la opción más saludable. Con mi hermano Leo continuábamos saliendo en largas recorridas de cirujeo o me quedaba en los monoblocks con el Peca, armando fogatas, jugando a la pelota, diseñando gomeras, tirando piedras a otros niños o a los colectivos que pasaban por la avenida. Eran épocas de balaceras constantes entre bandas rivales y con la policía, mientras la Marconi continuaba siendo el lugar más propicio para el robo de autos. Los pibitos de doce o trece años aprendían a manejar en los modelos que se robaban: quemando cubiertas los entraban con la caja de cambios en primera o segunda. Toda una generación cabalgando en la adrenalina. Madurando sin proponérselo, pisando la niñez pero ya saltando sobre la espalda de la muerte.

Cómo se apaga un alma

Culacha empezaba a tomar merca al caer la noche en el baño de nuestra casa. Que se drogara cerca era lo que más molestaba a mi mamá. En ese hacinamiento era imposible no escuchar su nariz aspirando. De día era alguien muy simpático, pero cuando el sol se iba sus ojos se agrandaban y su personalidad se oscurecía. La cocaína lo ponía detestable y violento. Cada noche se repetía la misma escena: mamá echándolo. Y cada amanecer: Culacha, a los gritos desde el pasillo, pidiendo perdón, rogando entrar. Y una vez adentro volvían a discutir con mi abuela en el medio.

Una tarde, harta, mamá tiró toda su ropa en el patio y se la prendió fuego. Culacha reaccionó pegándole varias piñas en el rostro y huyendo cobardemente. Dos señores delincuentes que se dedicaban al robo de bancos y camiones blindados, íntimos amigos de mamá, lo buscaron y lo encontraron a la vuelta de casa, donde lo hicieron arrodillarse y que pidiera perdón. Por el cariño que le tenían a mi mamá no lo mataron: solo le dieron dos balazos en la pierna derecha.

A pesar de todo, mi mamá salió corriendo a socorrerlo cuando escuchó sus gritos desgarradores pidiendo ayuda y llamándola. Unos vecinos lo alzaron y llevaron hasta la avenida, pararon un auto, lo subieron y junto con mi mamá partieron en dirección al Posadas. Las heridas le provocaron fracturas en el fémur y la internación duró hasta que pudo escapar del hospital, cuando aún no había recibido el alta médica.

Mi mamá lo acompañó durante la internación y luego tirado en una cama en casa; era muy testarudo y soportaba todo casi sin quejarse. Le habían puesto unos clavos de platino en el fémur. Al poco tiempo se fue también de nuestra casa desbordado por una abstinencia feroz de cocaína y a pesar de que apenas podía apoyar la pierna rota.

No tardó en volver a caminar y salir a robar. En esa época la cocaína se vendía a grandes escalas. Podías encontrar por todo el barrio, tirados en el piso, los restos de los perfectos rectángulos brillosos de papeles glasé, abiertos, vacíos y lamidos. Podías ver el reflejo de esos papeles siempre en los bolsillos de Culacha.

Odiaba mi pobreza, odiaba nuestra casa tan miserable, odiaba a Culacha, odiaba la pasividad de mi madre, pero ante todo odiaba la cocaína. Había sido la gran culpable de casi todos nuestros grandes desastres. Fue la droga que casi me ahoga en una cloaca, la que encarceló a mamá y la que provocaba todas esas peleas estúpidas con Culacha.

Madurez

Todavía rengueaba y Joel aún era un bebé cuando Culacha cayó preso. A mí nunca me interesó ir a verlo, pero mi madre asistía casi a todas las visitas, primero en la comisaría y luego, cuando lo trasladaron, en el penal. Como la carátula que pesaba sobre él era hurto, su tiempo tras las rejas fue corto, pero suficiente para que mi mamá quedara otra vez embarazada de él. Así nació mi hermana Sabrina. Cuando salió en libertad, mi abuela se puso firme y no lo dejó volver a vivir con nosotros, lo que desató la ira de mi mamá. Se fue con él y se llevó a los diminutos Joel y Sabrina.

La postura de ofendida no le duró mucho. Pronto estuvo de nuevo en casa, pero Culacha tenía la entrada prohibida, norma rigurosamente aplicada por mi abuela.

Al recuperar la libertad, Culacha empezó a ser mejor ladrón que antes. Ya no robaba cobardemente carteras a las viejas en la avenida ni bicis de los patios de la villa. Paraba con una banda más refinada: Los de la Rueda, en alusión a una cubierta gigante de camión que habían clavado en una esquina. Tenían un gran armamento y se dedicaban al robo de autos y casas, y arrastraban un enfrentamiento a muerte con otra banda pesada: Los del Fondo.

No importaba la hora ni el lugar, de golpe arrancaban balaceras infernales que duraban un largo rato. ¡Hasta la última bala!, se gritaban y cumplían. El silencio llegaba cuando se quedaban sin municiones. Era habitual que luego de esos tiroteos, Culacha viniera hasta el portón de casa a visitar a sus dos pequeños hijos. Si no estaba mi abuela, mi madre lo dejaba pasar. Parecía más maduro. Nunca más volvió a levantarle la mano a mamá, aunque no aflojaba en su adicción a la cocaína. Empecé a llevarme mejor con él.

Sed

Una tarde a pocas cuadras de nuestro barrio se incendió una fábrica enorme de productos líquidos de higiene. El humo se veía como un monstruo inmenso, pomposo y negro. Y también se respiraba un olor aterrador. Culacha agarró una de sus tantas bicis y me invitó a ver el incendio de cerca, a unas cuarenta cuadras de distancia.

Nos quedamos un rato mirando toda la secuencia. Había decenas de dotaciones de bomberos, de policías, de vecinos sofocados y en shock. Media hora después emprendimos el regreso. A pocas cuadras, en una zona residencial llamada Ciudad Jardín, nos cruzamos a un señor que regaba su vereda con una manguera. Culacha frenó para pedirle un poco de agua. El señor se negó. Culacha insistió y el señor volvió a negarse.

Nos fuimos, con la sed raspándonos la garganta.

Oasis

No fui al dentista en toda mi infancia, mucho menos a un nutricionista, tampoco a chequeos médicos de rutina. Compartíamos el mismo cepillo de dientes con mis hermanos. El menú diario era fiambre, pan y mate cocido. A veces en la escuela nos daban una chocolatada. Los fines de semana comíamos mejor: mi abuela no trabajaba y se hacía cargo de la cocina. Tenía una gran mano y muchas recetas. Los domingos hacía pastas y, luego de la digestión y de descansar un rato, nos llevaba a la iglesia. En sus francos íbamos a pasear a Capital: gracias a ella conocimos el Obelisco, la costanera, el zoológico y el Regimiento de Infantería ubicado en Palermo, por el que sentía debilidad y donde los hermanos disfrutábamos de las paradas militares.

Un sábado mi abuela me eligió para acompañarla a limpiar la casa de su patrón, sobre la avenida Libertador. Bajamos del tren en la estación Palermo y caminamos hasta el departamento. Ya el ascensor era de otro planeta. Cuando entramos al departamento me arrodillé. Estaba tan excitado que mi abuela debía advertirme una y otra vez que no me mandara ninguna cagada y que estábamos yendo a limpiar, no a jugar. La ayudé a limpiar, pero también jugué.

Fue como un suave sueño. Todo era bello, apolíneo, armonioso. El patrón iba solo en ocasiones. Salí al balcón que daba a la avenida Libertador a contemplar el cercano despegue y aterrizaje de los aviones en el aeroparque. Luego de ayudar a dejar todo reluciente, me lavé los dientes como nunca antes y me guardé en un bolsillo varios cepillos de excelente calidad, que el patrón tenía intactos, sin abrir, en un cajón. Me enjaboné en una ducha con bañera, salté en una cama de tres plazas y me despatarré a ver la tele. Viví unas dos o tres horas como un magnate, pisando el mismo suelo de las familias más asquerosamente ricas de la Argentina.

El viaje en tren de retorno al barrio me fue hundiendo en una profunda tristeza. Era descender del paraíso al hades, ascender desde el silencio y la comodidad al griterío y el hacinamiento.

Lentamente, en mi interior crecía el odio hacia todo ser humano que no compartiera nuestras paupérrimas condiciones de vida. No tenían que ser millonarios como el patrón de mi abuela, que tuvieran una casa de material, un auto y una familia normal alcanzaba para provocarme una envidia lasciva. ¿Y yo cuando tendré algo?

La pregunta siempre encontraba idéntica respuesta: cuando salga a robar.

La Navidad plebeya de Dionisio

La revuelta estaba en el aire, el clima social era de inminente eclosión. Comenzamos a ver piquetes o grandes columnas de desocupados marchando por la avenida Marconi y la autopista del oeste, una forma de protesta inusual, desconocida. La necesidad abrumaba.

La noche del 18 de diciembre de 2001 un grupo de vecinos se agolparon en la puerta de uno de los supermercados chinos ubicado frente al barrio. En un principio, reclamaron comida. Los dueños accedieron. Pero no alcanzaba para todos. Pasaban los minutos y la turba crecía. La tensión iba en aumento, hasta que tres pibes encapuchados y armados exigieron que abrieran el supermercado. Los chinos se negaron y los tres pibes empezaron a levantar la persiana. Los ayudaron más brazos. Inquietos y nerviosos, observábamos todo desde la esquina de casa, a unos veinte metros. Hasta que mi mamá no aguantó más y se sumó al tumulto. Cuando la multitud revoltosa logró ingresar, nos hizo señas de que fuéramos a ayudarla. Cuidándonos de los vidrios rotos, al entrar la imagen era dantesca. Un caos a oscuras con todo tipo de mercadería tirada por el piso y gente desesperada chocando entre sí y llevándose todo lo que podía, como podía.

Empezamos a traer bolsas repletas, pero mi abuela se había plantado ante el portón; gritaba que no iba a permitir que metiéramos en la casa cosas robadas. Mi mamá se enfureció, el saqueo seguía y no podíamos desaprovechar la primera oportunidad en nuestras vidas de abastecernos de esa forma. Me ordenó que me quedara a cuidar las cosas en el pasillo, ella continuaría con mi hermano Leo. Mientras veía pasar vecinos con bolsas llenas, soporté las quejas desaforadas de mi abuela hasta que mamá forcejeó con ella y consiguió entrar. Llegó la policía y a puro balazo y gases lacrimógenos empezó a dispersar a los saqueadores. Afuera seguía el apocalipsis. Adentro empezamos a revisar el botín. Nunca en nuestra vida habíamos tenido sobre la mesa tantos productos, tan diferentes y de tanta calidad. Por primera vez sobraba la comida, la bebida, los artículos de limpieza.

Deslumbrados por el tesoro, nos olvidamos de los desmanes que continuaban afuera.

19 de diciembre

La noche del 19 de diciembre se intentó saquear otro de los supermercados, pero quedaba como a unos quinientos metros, en la otra avenida, Perdriel. Esta vez los chinos se defendieron a balazos e hirieron a varias personas, entre ellas a Culacha. Sus amigos vinieron a avisar que una de las balas le había impactado en la cabeza. Nuevamente mi mamá tuvo que salir corriendo hacia el hospital. Nosotros nos quedamos en casa, la abuela no nos dejaba salir. Se escuchaban disturbios, disparos y detonaciones, un nuevo apocalipsis, donde los villeros éramos los dueños del fuego.

Desde el patio veíamos a la gente salir corriendo dispuesta a todo. Parecía haberse esfumado el orden social. Impacientes ante la pasividad, con mi hermano Leo y mi tío Marcos escapamos y junto con otros pibes nos unimos a un grupo a pocas cuadras del barrio. Fuimos a saquear una carnicería y luego un supermercado, donde mi hermano sufrió severos cortes en uno de los brazos cuando intentaba atravesar la vidriera. Lo vendamos así nomás, con un pedazo de remera. Saqueamos todo lo que pudimos y salimos de nuevo hacia la calle. Yo me traje un montón de bolsas pesadísimas y mi hermano, a pesar de que no paraba de sangrar, cargó un gran costillar sobre la espalda. Al llegar, mi abuela nos recibió con sus ladridos moralistas.

No importaba explicarle que estábamos aprovechando una oportunidad que no volveríamos a tener, para ella lo que hacíamos era robar y estaba mal. A pesar de su resistencia pudimos entrar igual. Era urgente limpiar las heridas de mi hermano y vendarlas correctamente. Mi tío Marcos se encargó de la tarea. Los cortes habían sido bastante profundos. Al rato volvió mi mamá del hospital y con fría indiferencia nos dio el parte médico sobre el estado de salud de Culacha. Milagrosamente estaba vivo y estable. El balazo, a pesar de haber entrado y quedarse alojado nada menos que en la cabeza, no le había generado daños irreversibles. Ya era 20 de diciembre.

Al regresar el sol, el país volaría por los aires, un presidente huiría en helicóptero para que la ira popular no se lo devorara.

20 de diciembre

Esa noche intentamos seguir saqueando. Salimos del barrio con mi mamá, mi amigo Silvio y unos quince vecinos. A diferencia de la noche anterior, adonde íbamos nos aguardaba una feroz resistencia: los comerciantes nos recibían con balas y bombas molotov. Como no pudimos ingresar en ningún supermercado grande encaramos hacia los pequeños comercios cercanos al barrio, pero la policía nos esperaba o aparecía en cada lugar al que llegábamos. Decidimos emprender el regreso. Volvíamos al trote, mi madre y yo tomados de la mano, cuando una camioneta policial empezó a seguirnos y frenó a nuestro lado. Parados en la parte de atrás y con las armas en posición de tiro, los policías nos miraron llenos de odio. Quedamos petrificados de terror, pero siguieron su marcha. Se detuvieron junto a mi amigo Silvio, que iba unos pocos pasos adelante, y abrieron fuego con sus escopetas. Las balas de goma le dejaron la espalda estallada de heridas abiertas y al rojo vivo. Al llegar, repetimos los cuidados de la noche anterior: limpiar las heridas con alcohol, pervinox , vendar y dar algún analgésico. Hasta ahí habían llegado los saqueos. Ahora solo restaba disfrutar lo recolectado.

Noche Buena

La villa esa noche fue una fiesta dionisiaca. En cada patio se habían preparado miniceremonias. La mayoría había decidido sacar las mesas afuera, y adornar con todo lo que se pudiese. Manteles humildes, pero relucientes. Espacios iluminados con foquitos y reflectores enganchados a los árboles. Cada mesa rebalsaba de comida y bebidas, preparada con un estilo particular. Uno no sabía dónde quedarse porque todos te invitaban a pasar y cada mesa superaba estéticamente a la anterior. En todos persistía una alegría mezclada con la sorpresa, nadie podía creer la cantidad y la calidad de las cosas y nadie guardó nada ni fue tacaño. Las familias más indigentes brindaron con champagne, asaron y sirvieron los cortes de carne que jamás habían probado, se dieron hasta el tupé de comer refinados y deliciosos postres de las mejores marcas. Todo el mundo desfilaba de casa en casa, competían a ver quién tenía la mejor mesa, quién se había traído de los saqueos los mejores productos. Nunca había visto a los vecinos tan felices. Fue tanto el desborde emocional por la falta de experiencia en tener la heladera así de llena que, a la semana siguiente, para las fiestas de Año Nuevo, en las mesas no había ni un cuarto de lo que hubo para Navidad.

El inmortal

Nada lo tumbaba. Ni la merca, ni los balazos en la pierna que le habían dado los amigos de mi mamá, ni el disparo en la cabeza que le dieron los chinos. Se escapó del hospital antes de recibir el alta y anduvo por el barrio con un vendaje que le cubría la mitad de la cabeza, un ojo cerrado y una gran inflamación en el parietal derecho que le deformaba el rostro. Desde que paraba con una banda más pesada, andaba con zapatillas Nike y Adidas con cámaras de aire o resortes, y hermosos conjuntos de equipos de ligas europeas. El vestuario que demostraba ser activo en la delincuencia era el equivalente a los trajes y los sombreros de los mafiosos italianos.

Ahora Culacha siempre le daba plata a mi mamá y le vivía comprando cosas a sus hijos, Joel y Sabrina. Durante todo el 2002, apenas podía acercarse hasta la puerta de casa, ya no solo por el rechazo de mi abuela, mi mamá tampoco lo dejaba entrar. Se quedaba un largo rato en el pasillo jugando con sus hijos y después se iba. Ahora era un señor que había dejado atrás su imagen de manijero, rastrero y gil que le pegaba a la mujer. El balazo en la cabeza lo hizo madurar décadas enteras en cuestión de semanas. Ahora era un chorro real al que el barrio había dejado de despreciar y empezaba a tratar con respeto. Yo también empecé a mirarlo con otros ojos. Culacha se paseaba armado con tremendos fierros, pistolas Bersa, Taurus, Browning, Ithacas de 12,70 mm y hasta ametralladoras. Ese afán exhibicionista tenía su razón de ser en la rivalidad con otra banda: Los del Fondo.

El odio ya había dejado varios heridos y era muy probable que pronto muriera alguien. Porque si bien los tiroteos entre bandas eran algo común en el barrio, se podía diferenciar entre los que solo se producían para demostrar hidalguía y aguante, pero donde había un acuerdo implícito de no matarse, de aquellos en los que el objetivo era lograr bajas en el bando enemigo.

La banda de Culacha y Los del Fondo se habían jurado la muerte. Y no tardarían mucho en honrar ese deber.

El sábado 27 de enero de 2003 River y Boca se enfrentaban en uno de esos típicos superclásicos de verano. Era normal que las familias con cable sacáramos los televisores a los patios y que varios vecinos se reunieran al aire libre para ver el partido. Esa misma tarde, mi mamá acompañó a mi abuela a la iglesia. Se llevó a Joel y me encargó el cuidado del resto, incluida Sabrina, que solo tenía dos años. Se jugaba el segundo tiempo, yo miraba el partido en soledad, en el comedor de mi casa, cuando escuché el chiflido característico de Culacha. Salí y vi que estaba acompañado de dos amigos.

Hacía muchísimo calor. Él estaba en cueros y en una de sus manos tenía una mini-Uzi envuelta en una camiseta de Chacarita. Me preguntó por mi mamá y por sus hijos. Le respondí que Joel estaba con ella en la iglesia y que Sabrina dormía. Aprovechando que mi abuela no estaba lo invité a entrar, pero rechazó la invitación. Le pregunté si quería que despertara a Sabrina y se la trajera. No. Mejor pasaba más tarde.

Me entregó unos pesos, nos dimos la mano y se fue. Entré de nuevo. El estruendo de fuegos artificiales y disparos anunciaron el fin del partido. Inmediatamente llegó mi mamá, tenía un semblante de paz y calma infrecuente. Le conté que había venido Culacha y que pasaría más tarde. A los pocos segundos un grito se fue acercando a nuestra puerta. ¡Naza, Naza, le dieron a Culacha! ¡Dale, está tirado en la Marconi!

Mi mamá corrió hacia la avenida y yo salí detrás de ella.

La vi desesperada subir a Culacha, ensangrentado e inconsciente, a un auto y partir a toda velocidad. En la parte de atrás intentaba despertarlo. Volví. La chica que vino a pedir ayuda le contaba a mi tía Flavia lo que había sucedido.

Después de pasar por casa, había sido emboscado. A Culacha se le trabó la mini-Uzi y mientras intentaba destrabarla, sus dos amigos huyeron y lo dejaron solo. Cuando él también quiso correr ya era demasiado tarde. Lo rodearon entre seis y dispararon a quemarropa. Culacha quedó tirado en el piso, a las puertas del Hueco del Ocho, una especie de cueva que cruza el monoblock por la planta baja. El tiroteo se había mezclado con los fuegos artificiales del final del superclásico. La chica contó que nadie se animaba a acercarse al cuerpo por temor a las represalias de Los del Fondo, que gritaban que nadie se atreviera a levantar el cuerpo. Pasaron unos quince minutos hasta que esa chica junto con un amigo —familiares de uno de los integrantes de Los de la Rueda— lo alzaron y llevaron hasta la avenida Marconi, a un kilómetro de distancia.

En el camino casi nadie quiso ayudarlos. Culacha era morrudo y se les cayó varias veces. Llegaron a la avenida arrastrándolo. A pesar de todo entró vivo al hospital. Lograron operarlo y hasta sobrevivió a la cirugía. Los médicos estaban impresionados. Culacha se mantuvo con pulso durante varias horas, pero a eso de las cinco de la mañana su cuerpo dijo basta. Solo tenía veintitrés años. Un manto espectral cubrió la casa y el universo entero. Sabri y Joel se habían quedado sin papá.

Tregua

Mamá estaba desolada. Recordaba el sueño incumplido de Culacha de ir al cine, pero sobre todo estaba muy enojada con los amigos de él. Lo habían abandonado y ni siquiera tuvieron la valentía de ir a rescatar el cuerpo. La policía no abrió investigación alguna ni su banda lo vengó. La muerte de Culacha sirvió como una tregua. Al poco tiempo el resto de Los de la Rueda caería preso o muerto. Tampoco quedarían muchos vivos ni en libertad de Los del Fondo.

Amigos de otro mundo

A los seis años Emiliano me invitó a jugar a su casa, que era de clase media, pero ante mis ojos parecía el palacio de Versalles. Fue enorme el impacto emocional cuando me hizo entrar a su pieza, donde sobraba todo lo que yo no tenía. Estaba ordenada, limpia y perfumada, había un televisor y una computadora para él solo, juguetes y un mueble lleno de ropa bien planchada. Cuando mi mamá me fue a buscar lloré de tristeza. No quería volver a nuestra pocilga.

La escuela pública en esos años permitía estos encuentros entre clases sociales. El aula se repartía de forma bastante pareja entre los que provenían de la misma villa que yo y aquellos pibes que vivían afuera de ella. Más allá de mis amigos villeros —el Peca, David, Samuel o Hernán—, a mí me llenaba de orgullo tener vínculo con no villeros que confiaban en mí y me dejaban visitarlos en su casa.

Mientras mi mamá estuvo presa y durante varios años posteriores a su salida de la cárcel, fui recibido y cobijado en la casa de Diego, que vivía a la vuelta de la escuela y también en la de Damián, que vivía a tan solo una cuadra de la villa. La casa de Diego fue como un puente directo de la indigencia a la modernidad. Él, como Emiliano, tenía bidet, un cuarto propio, una computadora de escritorio y una PlayStation flamante. Su madre, separada, estaba muy presente y le exigía las mejores notas. Fumaba un montón y era tarotista, en cada habitación abundaba el humo de sahumerio y la iconografía hereje. Estar ahí era experimentar un mundo que yo solo conocía a través de las películas o las novelas televisivas. Merendaba en una mesa rebosante de manteca, dulce de leche, facturas, masitas y jugos naturales. ¡Hasta podía darme un baño en una ducha de agua caliente con bañera incluida!

Si la garrafa tenía gas, en casa nos bañábamos llenando un balde con agua que previamente había que calentar en una olla. El primer termotanque que tuvimos fue un artefacto eléctrico muy pequeño y barato que yo le hice comprar a mi mamá, sobreexcitado luego de conocer la experiencia de bañarme en la ducha de la casa de Diego. Pero en esa época la conexión de agua en la villa era intermitente y el termotanque de muy mala calidad, el agua salía con poca presión y tuvimos que volver al método imbatible del balde y la jarra.

Por no apartarme de su lado, del paraíso que habitaba, muchas veces lo acompañaba a sus entrenamientos de básquet. Cuando para mi desgracia al cumplir doce se mudó, el espejismo familiar lo pasó a ocupar la casa de Damián.

Esta era una familia de clase trabajadora. De los labios de Carlos, el padre colectivero y fiel votante del MAS, escuché por primera vez una referencia al socialismo. Con los años, las razones de su voto cobrarían una fundamental relevancia en mi propia ideología. Aunque los recursos de la familia de Damián eran limitados, para mí significaban una estabilidad hogareña añorada. Iba al salir de la escuela, a eso de las cinco de la tarde, y me quedaba hasta las ocho. Solía rechazar la insistente invitación a cenar por vergüenza y prefería volver a mi casa, sabiendo que al llegar quizás no hubiera comida o hubiera solo un sándwich de fiambre, guiso o hamburguesas. Con Damián fui por primera vez al cine a ver 8 *mile*, la película de Eminem, al nuevo Showcenter, un shopping que se había inaugurado hacía poco y quedaba a algunas cuadras de nuestras casas. Juntamos un centenar de tickets de los tachos del shopping: una promoción los intercambiaba por una entrada.

No veníamos de familias cultas ni lectoras, nuestra educación corría por cuenta de la escuela y de la calle, de la televisión, de los diarios y revistas, o de cualquier parlante. Con Damián también éramos fanáticos de la PlayStation 1 y de *Dragon Ball*, que veíamos religiosamente todas las tardes, y a veces en maratones a la madrugada, cuando me quedaba a dormir. Además de las muchas horas que pasábamos en su casa, salíamos a dar inmensas vueltas en bici o nos quedábamos largas horas en la terraza, tomando mates y hablando de amores, de tácticas para los juegos de PlayStation y de cosas de la escuela.

Como vivía a solo cien metros del barrio, era normal que mientras estábamos en la terraza se escucharan disparos. A él eso no lo asustaba, muchos de sus familiares vivían allí. Sus padres tenían esa casa gracias a la abuela paterna, que siempre trabajó ahí haciendo la limpieza y cuando los dueños se mudaron, la dejaron al cuidado hasta que se vendiese. Pasaron los años y nunca volvieron. En 2010 un hijo de los dueños los desalojó.

Intifada

Eran alrededor de las nueve de una noche de verano. Me despedí de Damián y emprendí el regreso. Trescientos metros de camino recto por la avenida Marconi. A la altura del pasillo de mi casa estaban otra vez parando coches. Vi cómo un primer auto siguió de largo y de casualidad no aplastó a Adrián, uno de los pibes, quien llevaba el arma con la que apuntaba a los conductores. El próximo auto sí frenó, haciendo chillar las cubiertas. A los pocos segundos vi tres grandes chispazos. Adrián se desplomó. El que manejaba se bajó, arma en mano, los dos cómplices de Adrián corrieron, el hombre apuntó y disparó en dirección a ellos, sin impactar en ninguno. Era claramente un policía de civil o de la brigada, volvió a meterse en el auto, sacó una radio y pidió refuerzos. El cuerpo de Adrián yacía temblando al costado del cordón. El rostro destrozado, uno de los tiros le había reventado un ojo. Los otros dos impactaron en su pecho. Llegaron tres patrulleros y se sumaron los vecinos, furiosos, reclamando a la policía que llevaran a Adrián al hospital. El asesino sonreía a solo unos pocos metros de distancia, amparándose detrás de una camioneta de la policía. Su desprecio hizo enojar a los vecinos, que empezaron a arrojar piedras contra los móviles. En un momento llegó la hermana de Adrián. Agitada y desolada, fue hasta el cuerpo de su hermano, lo abrazó y con gritos desgarradores le pedía que volviera a la vida y a la policía que hiciera algo. Un policía fue y la alejó violentamente. Después de eso el cuerpo de Adrián hizo varias convulsiones, por lo que algunos vecinos gritaron: ¡Está vivo! ¡Está vivo! ¡Llévenlo al hospital, ortivas de mierda!

En esos tiempos, el barrio se unía para defender a los pibes chorros y enfrentarse con la policía. Estaba lleno de grafitis con leyendas o dibujos que se burlaban de las fuerzas de seguridad. El más popular era el dibujo de los cinco puntos, es decir, ese símbolo tumbero que significa muerte a la policía. Entonces recrudeció la intifada, la lluvia de piedras empezó a destruir los patrulleros, la policía reaccionó disparando escopetazos al aire hasta que la cosa se calmó. El cuerpo de Adrián seguía tirado, ahora cubierto con una frazada.

Racha negra

Un domingo por la tarde pasaron por la puerta de casa tres pibes en dirección a la avenida Marconi. En menos de dos minutos se escuchó una frenada y un disparo. Los pibes corrieron de regreso al interior de la villa. Llegaron gritos desde la esquina. Algunos vecinos salieron, pero el auto rápidamente se fue en dirección al hospital Posadas. Esa misma noche, a través de la televisión, nos enteramos de que había fallecido un fanático de Racing de veinticinco años. Su madre lloraba destrozada ante las cámaras exigiendo justicia. Con el revuelo mediático sabíamos lo que se vendría. Un gran operativo policial invadió el barrio al amanecer. Centenares de efectivos, decenas de móviles, uno o dos helicópteros, perros, infantería y muchas cámaras de televisión. Como ya había pasado en otros casos de tal envergadura se allanaron un montón de casas y se prohibió la circulación.

Rachas negras se las llamaba. Cuando en un muy corto período la parca se ponía más hambrienta. Morían muchos de un lado y del otro. Delincuentes, policías y víctimas de los robos. Gran cantidad en pocas horas.

A dos días de lo de Adrián, un viernes a la madrugada, matarían en la esquina de casa a otro pibe, Lápiz, que recién había cumplido los veintidós. Flaco, alto, morocho y de piel bien oscura, se peinaba con la raya al medio y era adicto a la cocaína. Esa noche vino a buscar a mi mamá para venderle una pinza. Eran muy amigos. Lápiz estaba pasado de drogas y quería plata para seguir la gira. Mi mamá le respondió que no tenía un peso. Lápiz se enojó con ella, se alejó de la puerta de casa y empezó a llamar a otros vecinos con gritos desaforados. Los perros ladraban furiosos, mi mamá salió al pasillo y trató de contenerlo. Se escucharon algunos vecinos insultar y maldecir. Lápiz se calmó un poco, aunque tambaleaba de lo drogado y borracho que estaba. Mi mamá le insistió en que se fuera a dormir. Lápiz asintió, le dio un beso y se fue. Mi mamá volvió. A los pocos minutos escuchamos una frenada y un disparo. Mi mamá salió corriendo. Lápiz se había ido hasta otro pasillo para que ella no viera su accionar. La misma pinza que no pudo venderle a mi mamá la envolvió en una remera para hacerla parecer un arma y decidió probar suerte en la avenida. Dicen que varios autos casi lo pasan por arriba, hasta que uno finalmente frenó, y para desgracia final de Lápiz lo conducía alguien armado. El conductor le voló la cabeza con un certero disparo y se dio a la fuga. Mamá junto con un vecino se encargó de socorrerlo, y lograron que otro auto se apiadara y frenara. Pero era tarde, Lápiz ya estaba muerto.

Debacle

La muerte de Culacha aceleró mi debacle. Cursaba el último año de primaria y comencé a jalar poxirrán, a fumar porro y a tomar merca junto con el Peca y mi hermano Leo, antes y después de la escuela. Se sumó Ema, el mejor amigo de Leo. Con Ema y Leo salíamos en bici a robar estéreos y pertenencias de los autos estacionados. Eran elementos que se podían vender fácil y rápidamente. Nos iba bastante bien con el emprendimiento, nuestro método era simple: nos jugábamos el todo por el todo. Aunque sonara la alarma seguíamos robando. Habíamos aprendido la forma de desmontarlos en pocos segundos con un destornillador. Muchas veces los dueños de los autos salían de sus casas, por lo que debíamos abortar la misión y correr como locos. Además, robábamos en las cercanías del barrio para achicar la distancia de la fuga. Nos refugiábamos en antros putrefactos, en alguna casa de los monoblocks, escondidos de nuestras madres.

Los efectos del poxirrán nos sumergían en trances alucinatorios y viajes psicodélicos. Las pastillas de rivotril nos hacían sentir más poderosos a la hora de ir a robar, porque nos bloqueaban el miedo y nos potenciaban el entusiasmo.

Pasaban los días y elegíamos mejores autos. También nos animábamos a robar a los transeúntes a punta de cuchillo. Nos traíamos bicis y celulares. Una tarde, el Peca, en soledad, se metió en una casa a robar. Era la casa de una excompañera del colegio adonde habíamos ido varias veces. Bendecido por las deidades delictivas, el Peca con tan solo catorce años se había traído más de quince mil pesos y mil dólares, cadenas y pulseras de oro, relojes y más objetos de valor. Se vistió de pies a cabeza con zapatillas y ropa de primera marca. Con el resto del dinero nos invitó a un pequeño grupo de amigos a pegarnos una gira de cocaína que nos dejó a orillas de la sobredosis. Cincuenta papeles para cinco adolescentes. Nos encerramos en su casa aprovechando que la madre trabajaba. Yo, que odié con mi alma esa droga, ahora la deseaba con todas mis fuerzas. Yo, que me había prometido jamás ser un manijero como Culacha, me estaba convirtiendo en uno.

En el trayecto de regreso a casa, luego de esa primera gira, el mundo parecía estar cubierto de una brisa mortuoria, como si el aire y los colores tampoco hubiesen dormido. Los sonidos del barrio estaban plagados de zumbidos macabros, me sentía eufórico, triste, ansioso y cansado a la vez.

Me metí directo en la cama y me quedé mirando el techo durante horas hasta que tuve que ir a la escuela. Desayuné solo unos mates ante la mirada intimidante de mi mamá. Cuando llegué a la escuela busqué al Peca por todos lados, pero no lo encontré, había faltado.

Durante todas esas horas en el colegio no paró de sonar un tambor en mi pecho, mis ojos querían irse del rostro, mis piernas perforaban el piso y chocaban contra la mesa, la transpiración era un líquido extraño y me caía en cataratas. La ansiedad me apretaba los dedos de la mano y de los pies, pero a la vez todo era placentero y novedoso. Al terminar las horas de clases volví casi corriendo a mi casa, dejé rápido la mochila y salí en busca de mi amigo. Recorrí todo el barrio hasta que finalmente pude dar con él, en una casa por el fondo. Le pedí que me acompañara a comprar pastillas de rivotril porque necesitaba bajar, sentía el corazón muy acelerado. El Peca me tranquilizó cual chamán y nos fuimos hasta la transa que vendía las pastillas. Al salir de allí, luego de comprar, me esperaba nada más ni nada menos que mi mamá con una botella de cerveza en las manos. Como pude la empujé y me escabullí de sus garras. Mi mamá me arrojó la botella, que rebotó en mi nuca y cayó al piso sin romperse. Aunque corrí con furia ella logró alcanzarme y me llevó de los pelos hasta mi casa. Al llegar me dio una paliza colosal. Recuerdo que me dormí, un poco por los efectos de los golpes y otro porque con sumo ingenio, en medio del vértigo de la corrida, con mi mamá pisándome los talones, logré ingerir las pastillas que habíamos comprado. Al otro día tenía moretones por todos lados. Pero más que asustarme la paliza me convenció de que debía perfeccionarme como delincuente. De una vez por todas tenía que abandonar mi casa e ir a conquistar la calle.

Giladas

Tenía quince años y en el barrio me miraban con desprecio: solo robaba giladas. Para pulir muchos aspectos de mi virilidad peleaba casi a diario. A pesar de esa demostración de hombría seguía siendo muy débil frente a la dureza de otros pibes de mi edad.

Mientras tanto yo continuaba yendo a la escuela, de un modo intermitente, pero firme en cada examen importante. Ya estaba en el primer año de la secundaria. Las buenas notas en la mayoría de las materias no disminuían mi violencia, que se aprovechaba de los más frágiles. Pero ya ni la escuela ni nadie podía detenerme. Me había decidido. Había llegado la hora de salir a recuperar lo que el destino nunca me había dado.

El ascenso

Caminamos unas quince cuadras alejándonos de la villa hasta que vimos una pareja bajar de una combi blanca. No teníamos armas, solo un pedazo de fierro que yo llevaba debajo de la remera. Apenas nos vio, la pareja adivinó nuestras intenciones. La mujer entró corriendo a la casa; el hombre era muy robusto y se me echó encima, caímos al piso, luego me agarró de un brazo y me hizo una llave estilo karateca que me tiró de nuevo al piso. Ema y Leo, a unos pocos metros, miraban con temor e indecisión. No sé de dónde saqué fuerzas, pero logré escaparme de los brazos del hombre y corrí. Detrás acudieron Ema y Leo. De una casa salió un vecino de unos cuarenta años con una pistola negra en la mano. Corrimos y corrimos, íbamos cruzándonos de vereda para evitar que el señor tuviera un blanco fácil en nuestras espaldas. Disparó tres veces, pero no nos dio a ninguno. Llegamos a la puerta de la villa exhaustos. Nos escondimos en la casa de la Chueca, una transa que vendía porro, treintañera, flaca y teñida de rubio, con los brazos llenos de tatuajes carcelarios. A fuerza de regalarle y empeñarle muchos objetos robados, nos habíamos ganado su amistad y el permiso de usar su casa como guarida. Al salir nos esperaba Balita, con rostro serio, ladrón muy respetado. Morocho, de un metro ochenta, piel tostada, nariz ancha, ojos grandes y llenos de sangre caliente, la cabeza rapada a los costados y arriba, prolijo, el pelo parado con gel. Obedecimos sus señas y entramos nuevamente a lo de la Chueca, donde nos empezó a dar un montón de consejos. Nos dijo que si teníamos el valor suficiente para ir a robar estéreos entonces debíamos aprovechar ese coraje para hacer cosas más grandes.

Sería el inicio de una nueva etapa. Ahora éramos solo mi hermano Leo y el Peca, que ya había salido con Balita a robar autos a punta de pistola.

Esa misma noche, Balita nos invitó a su morada, en el Hueco del Ocho, donde habían asesinado a Culacha un tiempo atrás. Fuimos con mi hermano Leo y pasamos la madrugada ahí, tomando mucha merca que Balita pagaba de su bolsillo. Entre pase y pase, me presentó a un montón de pibes que andaban robando y que yo solo conocía de vista. Puso un énfasis especial en Abel, oriundo de otro barrio. Le dijo señalándome: Veamos si le da la sangre o no.

Quedamos que al otro día iríamos a robar juntos. Desembarcó el amanecer con todo su terror luminoso, luz disecadora del alma de quien está bajo los efectos de la cocaína. Nos tomamos un par de pastillas de rivotril cada uno y nos fuimos, cada cual para su lado, a intentar dormir, huyendo temblorosos de ese astro incomprensiblemente feliz.

Al otro día, un domingo primaveral, me encontré con Abel a eso de las tres de la tarde en el lugar pautado. Me mostró una pistola Bersa, calibre 22, de un tamaño tan pequeño que entraba en un bolsillo y que era fácil de descartar en caso de que apareciera la policía. Salimos caminando hacia Caseros, cerca del barrio. A unas quince cuadras nos cruzamos a una familia que bajaba con valijas de una camioneta blanca. Abel encaró al conductor, le puso el arma en la cabeza, le sacó las llaves, la billetera y me indicó que entrara a la casa. Tras abrir la puerta me encontré con la esposa del hombre y le saqué la cartera, una cadena de oro del cuello y una valija plateada. Salí nuevamente y Abel ya estaba en el puesto del conductor intentando arrancar la camioneta. Pero nunca logró ponerla en marcha, y tuvimos que volver corriendo esas largas quince cuadras que nos separaban del barrio. Llegamos al borde del colapso: los dos éramos asmáticos. Fuimos a casa a buscar un salbutamol. Entré, encontré la medicación, salí rápido y ¡puf! ¡puf!, inhalamos desesperados. Una vez que logramos respirar con normalidad, nos escondimos en un descampado a revisar la valija. Del interior brotaron una varita, una galera, cartas de póker, pelotitas y pañuelos. Nos quedamos solo con la valija del mago para guardar las armas de la banda. Al menos teníamos una cadena de oro bastante gruesa para vender y unos cuantos pesos que había en la billetera. El botín fue irrelevante. Lo importante era que había aprobado el examen. Al guacho le da la sangre así que puede ranchar con nosotros, sentenció Abel no bien arribamos al Hueco. El pecho se me llenó de orgullo. Balita me felicitó: La próxima salís conmigo.

Con la plata robada fui a comprarme unas Adidas a Ramos Mejía. Con el resto compré pizzas y se las llevé a mis hermanos. Luego volví al Hueco y nos quedamos con los pibes hasta bien entrado el amanecer, tomando merca y bebiendo licor de dulce de leche. A eso de las ocho de la mañana se nos acabó la merca, así que decidimos dar por finalizada la gira. Nos repartimos unas cuantas pastillas de rivotril para bajar la dureza y lograr conciliar el sueño. Balita se acercó: Mañana nos encontramos a las dos de la tarde acá. ¿Tenés una bici?

Rally

A las dos de la tarde, él a bordo de una bici y yo de otra, me contó el plan. Iríamos a robar con un calibre 38 que era de él: Llegamos hasta la plaza Longo y desde ahí nos volvemos las diez cuadras robando todo lo que podamos. Pero no vamos a volver en auto, vamos a volver en estas bicis. Si pinta un auto para que le demos masa, le sacamos la llave al damnificado y le decimos que si se queda tranqui le tiramos la llave en la esquina.

El primero que robamos fue un señor de unos cincuenta años, con el pelo canoso hasta los hombros, que llevaba anteojos y tenía bigotito, camisa blanca y corbata negra. Se estaba bajando de su auto, un Renault Megane negro, y se disponía a entrar a su casa, que era de evidente clase media-baja. Balita lo apuntó con el arma y yo lo revisé bien; encontré su billetera, un teléfono celular y le saqué un reloj de la muñeca. Balita le pidió las llaves del auto y, como me había anticipado un rato antes, le dijo al señor que si se quedaba tranquilo arrojaría las llaves en la esquina. El viejo asustado asintió con la cabeza, nos subimos nuevamente en las bicis y arrancamos a toda velocidad. A las dos cuadras nos cruzamos a otro conductor que se bajaba de un auto. Con una seña de cejas Balita me dio a entender que esa era nuestra próxima presa. La escena fue casi idéntica a la del robo anterior, solo que esta vez la víctima era un hombre mucho más joven, de unos treinta años, y no llevaba reloj, pero sí billetera y celular. Nuevamente Balita le dijo lo de las llaves y cumplimos la promesa. A continuación, emprendimos marcha hacia la colectora de la autopista del oeste, que quedaba muy cerca. Nos cruzamos un Peugeot 206 regaladísimo, frenado, con las balizas puestas. Ya a esa altura nos entendíamos casi telepáticamente, cada uno encaró hacia una puerta. Él encañonó al conductor y yo, a su acompañante: una rubia clase media, de unos veinticinco años. Le arranqué una cadena del cuello y una alianza de oro, le saqué el celular y la billetera. De nuevo hicimos la promesa de las llaves y cumplimos. Esta vez volvimos al barrio, a unas seis cuadras de distancia. Nos metimos en un escondite entre los monoblocks y juntamos los billetes. En total habíamos hecho como mil pesos para cada uno. También sumamos unos cuantos billetes más tras vender la alianza, la cadena y los celulares. Balita me felicitó; mi sangre hervía, mezcla de miedo, adrenalina y satisfacción. En el Hueco estaban Yoyo, el Peca, Pichu, Abel, Diego y Kiti. Abel y el Peca también habían ido a robar y con resultados positivos, por lo que esa tarde fue de puro festejo, es decir, de mucha cocaína, poxirrán, alcohol y tiros al aire, por los que siempre recibíamos gritos de desprecio desde alguna de las ventanas.

Nos quedamos tomando merca y alcohol hasta bien desembarcado el amanecer. Me fui a dormir y al despertar volví a Ramos Mejía. Me compré una camiseta Adidas manga larga, color bordó, y me fui directamente a exhibirla al Hueco. Le pregunté a Abel si tenía algún fierro encima. ¿Qué onda, querés salir de nuevo? Tengo el 38, pero solo tiene dos balas, ¿vamos igual? Sí.

No invitamos a Diego, con él siempre pasaba algo malo o extraordinario. Era nuestro amigo y le compartíamos todo, droga, alcohol, plata y ropa, pero varios habían caído presos cuando salieron a robar a su lado. Y él, llamativamente, siempre lograba volver al barrio a pesar de los robos fallidos.

Diego ofendido nos negó la mano. Salimos caminando del barrio, esta vez el método no sería como las veces anteriores. Primero nos robaríamos un auto y con ese mismo auto iríamos robando otros. A este modo de robar, en la jerga, se le dice "rally", una derivación del término 'raid', que suelen utilizar la policía y el periodismo cuando una misma banda de delincuentes comete varios robos en un reducido lapso de tiempo. La idea me excitaba. Tantos años siendo testigo de cómo otros pibes se lucían por las calles del barrio arriba de los autos robados, tantos años deseando ese momento de que otros me vieran y me envidiaran, y ese momento al fin estaba llegando.

Lo primero que robamos fue una Kangoo, a diez cuadras del barrio. Con esa camioneta empezamos a robar distintos autos que íbamos seleccionando según el aspecto de las posibles víctimas. Mientras más pinta de chetos, mejor. Había que ser buenos observadores para descubrir si alguno de ellos era un posible policía o un civil armado. Habremos robado unos diez autos de esta manera, íbamos tirando en el asiento de atrás todo lo que les sacábamos a las víctimas: billeteras, cadenas, carteras, bolsos con mercadería, hasta alguna campera de hombre. Volvimos con la Kangoo al barrio y decidimos dejarla abandonada a propósito, para que nos vieran, en una calle de tierra que atravesaba un sector de los monoblocks, justo en el momento en que se jugaba un partido de fútbol y había muchos hombres en la cancha.

En todo el rally, Abel condujo con suma concentración y prolijidad. Los dos teníamos quince años y durante un rato nos creímos los emperadores de la calle. Después de revisar cada cartera, bolso y billetera, de mi bolsillo saqué un par de cadenas de oro arrancadas de los cuellos de nuestras víctimas. Nos repartimos de forma igualitaria las alhajas y apenas vislumbramos a nuestros amigos empezamos a gritar desaforadamente de alegría. Habíamos hecho una buena cantidad de plata. Saludamos a los pibes, les dejamos unos pesos y nos fuimos a vender las cadenas; compartimos parte del botín con nuestros amigos. Siempre íbamos al mismo comerciante del barrio, que pagaba muy bien por el gramo de oro y nos compraba distintas cosas robadas.

Nos dejamos una cadena cada uno, que nos colgamos en el cuello, y decidimos ir a comprar ropa a Ramos Mejía. Antes pasamos por lo de Jaqueline, la transa más linda del mundo, y nos llevamos un par de papeles de merca. Inhalamos hasta quedar bien duros y nos tomamos un remís. Nos gastamos casi toda la plata en la casa de deportes. Me compré las zapatillas más caras que había, un conjunto deportivo Adidas y una gorrita de la misma marca. Bajamos por el túnel de la estación Ramos Mejía rumbo a la parada del bondi. Íbamos con varias bolsas en cada mano, con el rostro y el cuerpo acelerados por los efectos de la merca, coronados de gloria consumista, cuando de repente se aparecieron al costado dos pibes mucho más grandes que nos quisieron arrebatar las bolsas y arrancar las cadenas de oro. La batalla fue sangrienta. Uno intentó derrumbarme con una especie de tacle, pero no pudo. Me defendí enceguecido, tenía que esquivar los golpes y a la vez evitar que me sacaran las bolsas. Mi contrincante no pudo tirarme, me empujó con fuerza hasta la pared y el impacto me dejó medio grogui, pero jamás solté las bolsas. Entre la violencia desatada miraba a Abel, que casi estaba siendo derrotado. Cuando el destino parecía sonreírles a nuestros atacantes, se escucharon unos gritos, era la policía.

Los pibes desistieron y huyeron a toda marcha. Nosotros quedamos un poco ensangrentados y aturdidos. Llegaron los policías, nos invitaron a hacer la denuncia a una comisaría si conseguíamos algún adulto responsable. Agradecimos a los oficiales por la intervención salvadora, pero respondimos que no haríamos ninguna denuncia. Tenían claro de dónde habíamos sacado el dinero para comprarnos tantas cosas, pero nos dejaron ir.

Volvimos al barrio, fuimos al Hueco y le contamos al resto de nuestros amigos lo que había pasado. De ahí, directo a comprar más droga que calmara rápido nuestros dolores. Abel estaba bastante lastimado, tenía el codo derecho muy hinchado y varios moretones en la cara. Balita, al verlo, se preocupó, salió y al rato le trajo unas pastillas de diclofenac, que Abel ingirió con un trago de licor. Ardíamos de bronca, pero como ladrón que roba a ladrón tiene cien años de perdón, tuvimos que perdonar y olvidar.

CD

A la mañana siguiente me despertó Abel con unos CD que le había comprado a Mateico, un pibe más grande, técnico en computación, que vendía CD grabados y traía novedades musicales al barrio. Eran compilados de rap y de algunos de los pioneros del reguetón. Nunca había escuchado hasta ese entonces algo similar. Mi gusto musical se lo debía a mi vecino Silvio, siete años mayor, que escuchaba mucho rocanrol y llegaba hasta casa. Los Stones, los Doors, Fun People. Y a mi tía, también rockera. Guns N' Roses, Queen, Black Sabbath. El de ellos era un archipiélago sonoro que resistía el mandato barrial de la cumbia y el cuarteto.

Al fin un poco feliz

La amistad con Abel crecía. Salíamos a robar casi todos los días. Siempre haciendo rally. La repetición fue afianzando nuestro funcionamiento como dúo. Nuestra ambición aumentaba y elegíamos zonas de mayor poder adquisitivo, buscábamos autos de la más alta gama posible, robábamos estaciones de servicio y cualquier cosa que considerábamos regalada.

La plata se escurría. Más tenía, más ropa me compraba. Tomaba más cocaína, más alcohol y en cada noche de delirio crecía el número de invitados.

El modus operandi solía ser idéntico. Variaba el tipo de armas que a veces les encontrábamos a las víctimas. En solo un mes ya era un miembro estable del Hueco y un delincuente criterioso. En solo un mes había demostrado mi coraje con creces. Sumaba cada día más ropa nueva, llevaba puestos los mejores relojes y cadenas, anteojos y adornos. Entonces dejé de comprar en el mismo lugar al que iban casi todos. Aparecía por el barrio vestido de un modo poco visto. Estaba experimentando la sensación de tener cosas materiales a mi gusto y placer, al fin aplastando esa tristeza de ser pobre que tanto había erosionado mi alma desde pequeño. Al fin era un poco feliz. Mucha de la ropa la usaba una o dos veces y luego se la regalaba a alguno de los más fisuras. Nadie podía habitar nuestra morada si no estaba de punta en blanco. Me sentía espiritualmente lleno por primera vez en mi vida.

El bohemio

Al segundo mes de mi estadía en el Hueco entablé una hermosa amistad con Pichu. Era un pibe que me llevaba nueve años y que había salido recientemente de la cárcel, luego de pagar una condena de cinco. Su especialidad era el escruche, el robo de casas sin gente adentro. El método era fácil de ejecutar. Se iba a robar desarmado, lo que garantizaba no estar pendiente de la amenaza policial, ya que, en caso de que a uno lo parasen, el hecho de no estar armado brindaba un argumento sólido para esgrimir a los oficiales y evitar la detención. Se elegían las casas a ojo, intuyendo y olfateando en cuáles podría no haber nadie, o estábamos atentos a ver personas que salían por las puertas principales o los autos que salían del garaje y delataban que la casa se quedaba sola. A continuación, se llegaba hasta la puerta, se tocaba timbre de manera insistente y se aguardaba el tiempo necesario para comprobar que efectivamente no había nadie. Luego se miraba bien por qué lugar se podría entrar, si haría falta una barreta o romper algún vidrio, se observaba a los alrededores y en el segundo exacto se entraba a la casa.

Con Pichu nos gustaba salir a caminar solos por el barrio y charlar de cuestiones alejadas del delito. Él era un morocho de baja estatura, bien flaco, con la cara llena de lunares, las cejas anchas y un tamiz agridulce en la mirada, las secuelas irremediables de la cárcel.

Pichu solía destacarme el hecho de que yo le prestara tanta atención a la cuestión estética, ya que él en eso era un especialista. Se vestía de forma muy peculiar y extravagante, mezclaba la ropa elegante con la deportiva, usaba pañuelos de colores estridentes para ponerse en la cabeza o atados en el cuello, portaba anteojos de lectura, y se dejaba crecer el pelo y la barba, algo inédito entre nosotros.

Me contaba tenebrosas anécdotas de la cárcel y me mostraba siempre algún detalle de la realidad del barrio que al resto nos pasaba desapercibido. Cuando se abría una ventana. Cuando se escuchaba un grito lejano o el sonido más insignificante. Cuando se acercaba alguien, o por los movimientos de ciertos autos y la presencia de ciertos personajes, deducía que estaba cerca un allanamiento de la policía.

La cárcel te perfecciona los sentidos, repetía. Nos encantaba el poxirrán, la cocaína y el licor. El fumaba Parliament, yo no fumaba tabaco, pero compartía con él algunas secas. Cuando lo vi por primera vez, lo que más me llamó la atención fue la cantidad de anillos, cadenas y pulseras que llevaba. Era un romántico, un bohemio, un poeta, pero su poesía se escribía con hechos y no con palabras.

Me siento muy solo, ¿sabés?, me dijo una noche con un rostro pesado y melancólico, escondidos en un pasillo de la villa, lejos del resto de la banda.

Y yo siento que nunca me amaron, le respondí.

Mejor, consoló. ¿Qué te cambia que te amen? La vida es una mierda igual.

Campeones

Primavera radiante. Salimos a robar a la tarde. Vestidos como para un casamiento. Jeans, camisa y zapatos. Llegamos hasta la zona de Haedo, un barrio de clase media-alta. Tocamos timbre en distintas casas, en todas responde alguien. Seguimos caminando. Vemos a una señora de unos sesenta años subir a un auto estacionado sobre la vereda y luego irse. La casa queda justo en una esquina que da a la colectora de la autopista. Una vez que el auto se aleja tocamos timbre, esperamos, tocamos timbre, esperamos. Miramos por las ventanas, cruzamos la vereda y observamos que todas las ventanas de la casa están cerradas. La única opción que queda es saltar por el paredón del costado. Volvemos a cruzar. Le hago punta de pies, logra colgarse de la cima del paredón. Es muy finito. Tambaleándose sobre las puntas de vidrios me ayuda a subir, las palmas de nuestras manos brillan por el vidrio mezclado con la sangre de los cortes. Saltamos a un patio trasero, los perros de la casa de al lado ladran enardecidos. Nos quedamos quietos, aguardamos unos minutos hasta que se callan. Las ventanas de atrás también están cerradas, con las persianas bajas. Tenemos que barretear. Buscamos un fierro por el patio: hay escoba, secador, rastrillo. Con el rastrillo Pichu palanquea la parte de abajo del enrejado. Es diestro, en menos de un minuto desprende la reja de la pared. Años de experiencia.

Dejame a mí. Él descansa. Agarro el fierro, palanqueo y levanto aún más la pesada reja, rompo la parte inferior de la dura persiana de madera, meto la mano, tomo la cinta y subo la persiana. Se lleva el índice a la boca cerrada: silencio. Pasan treinta segundos y le da un golpe al vidrio, que cae rendido en mil pedazos. Hacemos silencio. Ladran otra vez los malditos perros. Dos minutos y se callan. Entramos por la ventana con cuidado para no volver a cortarnos. Caemos en una pieza matrimonial. Revisamos toda la casa sin grandes resultados. Es de clase media, pero de aspecto antiguo, como de los años cincuenta. Pasan los minutos y no hemos encontrado más que un par de pesos y una cadena que ni siquiera sabemos si es de oro. Los televisores son muy grandes, viejos y pesados para que valga la pena llevarlos.

Ya fue, acá no hay nada, vámonos, le digo.

No, no, acá hay plata, tengo el presentimiento, me responde.

Me había conformado con una campera invernal que ya había cargado en un bolso con un montón de zapatillas, botines y camisetas de fútbol originales. Algo era. En la habitación de un fanático de Vélez Sarsfield había camisetas nacionales e internacionales, de clubes y de selecciones.

Buscá, dale, dale, buscá acá, es en esta pieza, lo presiento. El Pichu está convencido.

Revisamos prenda por prenda, cajón por cajón, el tiempo pasa muy lento, la nerviosa transpiración nos cae a cántaros, hasta que finalmente ocurre el milagro. Dentro de un paquete de medias de encaje de mujer Pichu encuentra un fajo de billetes de cien dólares. Corro a abrazarlo, lo beso. ¿Te dije o no te dije? ¡Te dije o no te dije!

Vamos a salir vestidos como futbolistas, me dice.

Nos cambiamos y dejamos la casa, saltamos la misma pared por donde entramos. Tenemos puestos botines, shorts y camisetas de Vélez. Pichu lleva un trofeo en una de las manos, que agarró de la pieza del futbolero. Es la primera vez en mi vida que veo billetes de cien dólares. En total dos mil quinientos. Nos sentimos dos jeques árabes.

Estamos a unas veinte cuadras del barrio. En el camino nos cruzamos varios patrulleros, pero ni nos miran.

En una esquina, entre los pasillos de la villa, nos repartimos el dinero. Lo guardo en el bolso con las demás cosas. Acordamos que no revelaríamos a nadie la cifra exacta de los dólares encontrados. Cada cual se va a su casa a bañarse y en un rato, al Hueco.

En casa los ojos de Leo brillaron gigantes cuando le mostré los billetes. Entré al baño, cargué el balde con agua fría y me bañé fugazmente. Una adrenalina paradisíaca encendía el deseo de contar y que todo el barrio supiera que yo, a mis quince, ya había robado dólares. Me cambié. En el Hueco esperaba Pichu, inquieto y animado. El Peca y otros fumaban porro, tomaban, sonreían: lo rutinario, pero siempre vivo y despierto. Les contamos a nuestros amigos sobre el robo y los dólares. El júbilo retumbó entre las hileras de los monoblocks. Pichu me hizo una seña y le dijo al resto que teníamos que cambiar "los mil dólares". Ya de vuelta les avisamos a los pibes que iríamos a comprar ropa al Plaza Oeste, un shopping que yo no conocía. Invitamos al Peca y tomamos un remís. El lugar era gigante y estaba lleno de locales de primeras marcas. Cenamos en el patio de comidas y en la casa de deportes nos compramos el conjunto Adidas más caro, y yo, las zapatillas Nike más caras. También le compramos ropa al Peca. En las horas que siguieron terminamos de gastar los dólares en merca, alcohol, pastillas, porro y cigarrillos.

Insignia

Como lo normal era que me acostara a las nueve de la mañana, me despertaba a las cuatro o cinco de la tarde. Pero ese viernes salí de la cama antes del mediodía. Me bañé con un par de jarrazos de agua fría y me fui hasta el Hueco. Los vecinos pasaban con las compras para almorzar, los niños de ida y vuelta a la escuela, los trabajadores hacia la parada del colectivo. Habíamos quedado con Balita, el Peca y Abel en que iríamos a robar juntos.

Impaciente porque ninguno aparecía fui a dar una vuelta y preguntar por ellos. Un pibito de unos doce años me dijo que se había cruzado a Balita y al Peca a bordo de una moto. No lo había visto a Abel. Comprendí que Balita y el Peca habían ido a robar en moto para traerse un auto, buscarnos a Abel y a mí y salir de nuevo.

Volví al Hueco y esperé. A lo lejos, a unos doscientos metros por la calle que va hacia el Posadas, venía Pichu, corriendo con desesperación. Fui a su encuentro. Estaba tan agitado que casi no le salían las palabras, se tomaba el pecho con las manos.

¡Lo cuetearon a Balita! ¡Lo cuetearon feo! Recién vengo del hospital. ¡Está toda la gorra! Al Peca se lo llevaron, no sé cómo está.

Corrimos sin parar, atravesando el campo y bordeando el fondo de los monoblocks hasta la guardia de adultos del Posadas, atestada de policías. Yoyo, que ya estaba allí, nos contó detalles: nuestros amigos quisieron robar un auto, pero el conductor se resistió y salió corriendo. Balita y el Peca huyeron en la moto, a unas pocas cuadras se cruzaron a un patrullero que empezó a seguirlos apenas los vio. Ellos iban armados con el revólver calibre 38. El mismo con el que hice mi primer robo junto con Balita. Era un arma que teníamos desde hacía más de un mes, todo un récord. Un arma en la calle suele durar muy poco.

Nos metimos por un pasillo entre policías alborotados, que se mezclaban con los familiares. ¿Dónde le habían dado los tiros a Balita? ¿Cuál era el estado del Peca? Más cerca de la guardia, más policías había. Decidimos volver al barrio y relatamos lo sucedido a toda persona de confianza que nos cruzamos. Me preguntaba si la familia de Balita ya estaría al tanto de lo ocurrido, pero en caso de que no lo estuviese, no sería yo quien llevara adelante la dolorosa tarea.

Cuando volvimos al Hueco ya estaba Abel con otros amigos más, todos angustiados. Le pregunté si él los había visto antes de que salieran a robar.

No, llegué acá y como no vi a nadie me fui para otro lado.

Entre susurros maldijimos al cielo e insultamos a la policía.

Balita era nuestro líder, nuestra insignia, alguien que robaba desde los nueve años, que manejaba desde los once, un audaz acróbata con las motos, un exótico profesional al volante de los mejores autos. Experto, especialista, artesano y creativo del arte de robar. Un chamán que nos inició a decenas de pibes en la delincuencia. No era uno más el que estaba herido en el hospital. Era nuestro mentor y referente. Al rato otro pibito nos trajo la información objetiva sobre lo que había pasado. Un patrullero los empieza a seguir, en determinado momento el Peca abre fuego contra el patrullero, la policía responde, pero los disparos no impactan en nadie, la persecución continúa, el patrullero logra ponerse casi al costado de mis amigos, el policía que va en posición de acompañante le dispara a Balita a la altura de las piernas, Balita pierde el control de la moto y caen. En total Balita recibió tres disparos de pistola nueve milímetros a la altura del fémur derecho. Los médicos avisaron que uno de los balazos había cortado una de las arterias, por lo que debían amputarle la pierna.

Peor

Así fue. A los pocos días lo estaban ingresando al quirófano. Junto a Abel, Pichu, Koke y otros, fuimos a saludarlo antes de que lo entraran. Sabíamos en qué horario lo sacarían de la sala de internación para llevarlo al quirófano. Luego de un rato apareció Balita acostado en una camilla y custodiado por cuatro policías que al vernos se impacientaron. Amablemente Pichu les dijo que solo queríamos saludar a nuestro amigo para que no se sintiera tan solo. Balita se puso contento, aunque su rostro estaba atravesado por la más oscura de las tristezas. Uno de los policías nos cortó el paso, la camilla siguió avanzando. Le gritamos palabras de aliento, le hicimos chistes, le dijimos cuánto lo amábamos, hasta que la camilla se perdió al fondo del pasillo.

Volvimos al Hueco. A las cinco horas nos informaron que la operación había salido bien, pero que Balita permanecería en condición de detenido.

Una vez que le dieron el alta médica lo trasladaron a una comisaría donde estuvo tres semanas privado de la libertad junto al Peca, quien apenas había sufrido unos raspones.

Los largaron rápido porque se apiadaron de la situación de Balita, que acababa de cumplir solo diecisiete años y ya tenía una pierna menos. Cuando volvió al barrio usaba las muletas a la perfección y desplegaba un potente optimismo. Peor hubiese sido morir, repetía. Visto y considerando todo lo que le pasó después, no sé si tenía razón. Quizás si moría en ese instante se habría ahorrado el resto de su calvario.

Belleza herida

La transa más hermosa del universo era Jaqueline. Vivía lejos, casi en la otra punta del barrio. Tenía cinco años más que yo. Me hipnotizaban su belleza tan áspera, su pícara sonrisa que se mezclaba con la más dura seriedad. Un rostro angelical y cruel. Mis ojos no disimulaban el encantamiento cada vez que la veía pasar junto a su hijito Lautaro. Era una flaca de piel bien blanca, pelirroja, de largas y ardientes piernas, que emanaba calor y tristeza. A los quince años le habían matado a Lelo, su novio y padre de su hijo, que tenía la misma edad que ella. Lelo era un ladrón oriundo de Fuerte Apache, ya legendario a pesar de su corta edad, todo un maestro en el arte de conducir, al que le gustaba manejar con una sola mano en el volante y hacer maniobras y piruetas espectaculares con distintos autos robados. Era habitual verlo con ropa de primera calidad y cadenas de oro relucientes. Una tarde, luego de una larga persecución, fue asesinado por la policía a quemarropa, a pocas cuadras de su barrio.

Con Jaqueline fuimos forjando una amistad muy lentamente. Solo se fijó en mí cuando fortalecí mi actividad delictiva y creció el respeto en las calles. No había manera de que ella te mirara si no eras delincuente. Vendía droga junto con su hermana en un primer piso del monoblock 20, mi lugar preferido para gastar la plata que ganaba robando, lucir las zapatillas que me compraba o las alhajas de oro, algún reloj, un artefacto tecnológico, todo lo que fuera robado y pudiese llamar su atención. El luto esclavizaba sus ojos y dificultaba ganar su cariño. Pero el dolor no erosionaba en nada su belleza ni su sensualidad. El duelo era parte decisiva de su personalidad, en todas las charlas siempre mencionaba a Lelo.

Una tarde fuimos a robar con el Chino, otro de mis nuevos amigos, un flaco alto, muy alegre, que pocos meses antes había sido atropellado en la Marconi mientras intentaba parar coches.

Fuimos a la zona de Caseros y nos salió todo mal. Primero quisimos encañonar una camioneta, pero el conductor adivinó nuestra intención con mucha anticipación y aceleró a fondo casi pasándonos por encima. Salimos corriendo despavoridos y a las pocas cuadras nos cortó un móvil de la policía. A las horas se llevaron al Chino a un instituto de menores y a mí me trasladaron a otra comisaría donde los pibes de una celda contigua prendieron fuego unos colchones en protesta porque les habían prohibido la visita. El humo hizo que me agarrara un ataque de asma. La policía no quería atenderme, no tenía el puf, pasaba el tiempo y cada vez me faltaba más el aire. Creí que nos dejarían morir asfixiados, pero afortunadamente luego de un largo rato entraron y apagaron el incendio con un matafuego, nos sacaron de las celdas, nos dieron una brutal paliza, pero al menos logré que me aplicaran una inyección de corticoides.

A los dos días me llevaron a un juzgado. En las celdas, donde te hacen esperar hasta que te atienda el juez, las paredes estaban llenas de grafitis, marcas, dibujos, símbolos, fechas, corazones con parejas en su interior, serpientes enredadas a espadas, nombres de personas y de barrios, frases poéticas, fragmentos de canciones. Huellas de otros cuerpos en las mismas jaulas.

Uno de esos dibujos me paralizó. Decía Lelo y Jaqui, con una fecha y a un costado, abajo del corazón, la firma: Lelo de Fuerte Apache. Al rato un policía me hizo pasar a una oficina en la que una jueza me informó que iban a trasladarme a un instituto de menores abierto. Me dijo que me estaba dando una oportunidad, que la aprovechara, que la próxima vez me mandaría a un instituto cerrado. Me esposaron, me subieron a un patrullero y viajamos una hora hasta La Plata. Me hicieron esperar cuatro horas arriba del auto, esposado, luego me entraron a una especie de gran alcaldía, me metieron en una celda con otros pibes, me peleé con uno, después con otro: querían robarme las zapatillas. Vino la policía, me sacaron de la celda, me llevaron a una oficina y me informaron que iban a trasladarme a Lanús. De la oficina a otra celda en soledad hasta que vinieron a buscarme dos policías y me llevaron esposado a un patrullero. Pasaron varias horas más. Tenía mucha hambre y sed, se lo comuniqué a los policías, me ignoraron. Finalmente, el patrullero arrancó. En un primer momento me costó darme cuenta de que habíamos llegado a destino porque la fachada del lugar no tenía nada de carcelaria, ni siquiera parecía una escuela. Era simplemente una casa antigua. Me entraron, me hicieron pasar a una oficina, me desnudaron, me revisaron hasta el último agujero y recién ahí me sacaron las esposas. Los policías se retiraron y quedé a cargo de lo que se conoce como operadores, una figura menos autoritaria que el típico guardiacárcel. Quienes ejercen esta profesión suelen ser trabajadores sociales, psicólogos y pedagogos. Los operadores que me recibieron eran dos hombres de unos treinta años, bastante amables y que manifestaban un gran contraste con la personalidad de los dos policías que acababan de irse. Me hicieron las preguntas de siempre: delito cometido, domicilio, edad... Dejé marcadas mis huellas dactilares, vino otro operador y me contó de qué se trataba el lugar. Me explicó que eso no era una comisaría ni una cárcel, que ahí el que quería se podía ir, que nadie lo detendría, pero que yo sabía las consecuencias que traería a mi vida si me fugaba. Luego de su sermón me condujo a un comedor donde había cuatro pibes, que tenían aspecto de ser adictos a la pasta base en recuperación, los típicos "fisuras" que se están queriendo rescatar. Yo en mi interior no dejaba de celebrar la suerte que había tenido al ser enviado a este lugar. No había celdas, sino habitaciones con cómodas camas. Comí con furia un guiso de arroz con pollo. En tres días solo había ingerido un sándwich de pan duro y queso rancio en la comisaría.

Hasta el momento apenas había hablado lo justo y necesario con los pibes y los operadores, para mí eran todos giles. Ninguno merecía mi respeto. Sin necesidad de preguntar nada me había dado cuenta de que ninguno era delincuente, estarían ahí por algún arrebato o algún disturbio en la vía pública. Terminamos de comer y pasamos a otro cuarto en el que había un televisor. Pusieron una película. No recuerdo cuál era. Pero sí que me acerqué hacia el pibe que parecía tener más calle para preguntarle algo.

¿Cómo hago si me quiero ir de acá?

Si te querés ir es re fácil, te vas por donde entraste.

¿Y a ninguno le pinta el cortafuga?

A mí no. A los otros no sé. Yo ingresé ayer.

¿Y vos no te pensás fugar?

Por ahora no. Acá hay comida y techo gratis.

Lanús

Cuando terminó la película, uno de los operadores nos indicó que era hora de ir a dormir. Me dije a mí mismo que esperaría hasta la mañana siguiente para fugarme. De noche me iba a resultar más complicado y estaba muy cansado. En la pieza los otros pibes quisieron sacarme charla, pero les respondí que necesitaba dormir, hacía más de tres días que no pegaba un ojo o que lo había hecho en una celda o esposado a bordo de un patrullero. Me hundí en el sueño rápidamente.

Nos levantó un operador de manera muy amistosa a eso de las seis de la mañana. Como era primavera la luz del amanecer coqueteaba aún con la oscuridad. Pasamos al mismo lugar donde habíamos cenado y nos esperaba un gran desayuno de mate cocido, pan con manteca y dulce de leche. Desayuné desaforado. Otro operador nos asignó distintas tareas de limpieza. Me dieron secador, balde y trapo y como si fuera a propósito, para probarme, me llevaron a la zona más cercana a la entrada. Pasé el trapo unos segundos y corrí hacia la puerta abierta. Miré a mí alrededor para ver si alguien me observaba. Estaba a escasos metros de la libertad. Salí del lugar y corrí rápidamente hasta la esquina. Volví a comprobar que no me siguiera nadie. Caminé un poco más y le pregunté a un señor que regaba su vereda dónde quedaba la estación de Lanús, muy amablemente me indicó. La conocía de un lluvioso y helado domingo a la mañana en que había ido a ver a Racing ganarle 3 a 1 a Independiente en la cancha de Lanús. Decidí no tomar el tren porque la estación estaba llena de guardias. Caminé por los alrededores mirando los letreros de las distintas líneas de colectivos. No tenía una moneda, así que dependía del corazón piadoso de un chofer. Di unas vueltas hasta que vi el colectivo de la línea 100: el cartel en el parabrisas decía RETIRO. Excelente noticia. Desde Retiro podía tomarme el tren San Martín hasta la estación de Palomar, que me dejaba a un par de kilómetros de casa. Vino el primer colectivo, el chofer me dijo que no, esperé unos veinte minutos hasta que vino otro, también me dijo que no, así pasaron el tercero y el cuarto. El quinto me dijo: Pasá, pero si sube el inspector te bajás.

El colectivo emprendió su marcha. Anduvo un rato largo por distintas calles, cruzó el Puente Alsina y vislumbré el Riachuelo. Ya estábamos en Capital y mi ansiedad se multiplicaba. Restaba estar atento a cuando llegáramos a Retiro, un lugar que conocía porque una vez mi abuela nos había llevado a visitar la Torre de los Ingleses. La ciudad me pareció infinita, inabarcable, aplastante y con un ritmo demencial. Temía que la aventura de volver a casa saliera mal, pero a la vez sabía que todo dependía de mí y que no podía ser tan estúpido de no lograr manejarme en la ciudad. Pregunté a uno de los pasajeros si faltaba mucho. Poco, respondió. Me calmé, no quedaba más opción que aprovechar para mirar los rincones que desconocía.

Una vez en Retiro, el próximo paso era colarme en el tren. Caminé por la estación. Era imposible colarse, estaba lleno de guardias, así que me puse a pedir monedas al costado de la boletería hasta que junté el importe del boleto. Subí al tren y casi una hora después llegué a la estación El Palomar. Desde allí caminé veinte cuadras con las zapatillas sin cordones, que por momentos se me salían de los pies. La policía me los había quitado al ingresarme en la comisaría. Al llegar, mi mamá me recibió con unos cuantos golpes a puño cerrado. Al rato me cocinó milanesas con puré, que devoré en segundos. Me bañé, me cambié y cuando se descuidó me escapé. El portón estaba con llave y tuve que saltar por arriba del alambrado. Me dirigí ansioso al Hueco. Allí estaban Kity, Diego y Balita. Al verme celebraron con abrazos y besos. Me preguntaron por el Chino, les respondí que no tenía idea de adónde lo habían trasladado. Chau. Tengo que ir a saludar a alguien importante, me excusé.

Jaqueline

Se puso muy contenta al verme, me recibió con una sonrisa que nunca le había visto, me hizo pasar. Estaba dándole de comer a Lautaro, su hijo. Le hablé sobre mi travesía y le pedí una especial atención. Le conté sobre el dibujo que había visto en la celda del juzgado de Morón. Se emocionó, lloró, me pidió detalles y se los di: le dibujé en una hoja una copia muy fiel de lo que había visto. Ella intentaba recordar en qué ocasión su novio había dibujado eso. Yo estaba tan profundamente enamorado de ella que no tuve en cuenta que era la pareja del Koke, un querido y respetado delincuente a quien consideraba desde chico un ejemplo.

Solo el Peca estaba al tanto de mi amor por Jaqueline. Me advertía que era una locura y que podía terminar muy mal. A mí no me importaba nada. Estaba ciego. Ahora que ya había logrado su atención haría lo imposible por conquistar su corazón de acero. Me moría de envidia cuando la veía junto al otro. Tenía que disimular mi malestar si iba a comprarle droga y en su casa estaba él.

Cuando le conté sobre el romántico dibujo que había visto en esa celda, se abrió una nueva etapa en nuestra relación. Esa misma tarde me anunció que mi devoción empezaba a ser retribuida. La noticia me iluminó el alma. Me dijo que a la noche fuera a verla, pero con cautela, no podía enterarse nadie.

Después del anuncio, exultante me fui a robar con Abel. Nos fue bastante bien, les robamos a conductores y tripulantes. A un hombre blanco y rubio de unos cincuenta años, vestido muy elegantemente, le pude sacar una tremenda cadena de oro, y al instante supe en qué cuello brillaría más que en ninguno.

Volvimos al barrio con varias billeteras. En el Hueco los amigos nos felicitaron. Siempre se festejaba un regreso más allá del botín recaudado. Muchísimos decían "Ahora vengo" antes de salir a robar y nunca más volvían.

Me tengo que ir a mi casa, amigos, les dije.

¿Ahora? ¡Quedate que voy a comprar un licor, porro y un par de papeles! ¡Vamos a festejar que estás de vuelta en la calle, amigo, y que hicimos alta astilla!, me tentó Abel.

En un rato vengo, tengo que ir a hacer un poco de letra a mi casa, mi vieja está re embroncada por lo de la fuga.

Entendieron. Encaré para el lado de mi casa, pero fue solo un simulacro. Una vez que me perdí de la vista de mis amigos, hice una vuelta extraña por un sector lejano para poder llegar a lo de Jaqueline.

Hacía calor y había caído la noche. Golpeé la puerta con nerviosismo, mirando hacia todos lados. Quedaba en medio de distintos monoblocks, por lo que había muchas ventanas alrededor mío. En ese horario ya no vendían droga, por eso si Koke llegaba a verme sospecharía. Tuve que golpear otra vez. Desde adentro escuché el grito de ella: Ahí voy, me estoy bañando. Los segundos se me hicieron lentos y agónicos. Abajo, a un costado, paraba un grupo de pibes amigos: Los del Veinte. Finalmente, abrió envuelta en una toalla blanca, con finas ojotas rojas, el pelo suelto y mojado, salpicaba lujuria. Cerró con llave. Pregunté por Lauty.

Está con su tía hasta mañana.

Me senté a mirar la tele. A los minutos vino, se había puesto un vestido corto, de color azul marino. Comenzó a pasarse el secador de pelo.

Ahí adentro tenés porro, armate uno, me dijo señalando un táper que estaba sobre la mesa.

Tengo un regalo para vos. De mi bolsillo saqué la cadena de oro que había robado unas horas antes. Hay que arreglarla nomás.

Me agradeció con una leve sonrisa. Se fue hasta la pieza y volvió con una pequeña pinza. Se puso a arreglar la cadena. Había que sacar el eslabón roto, enganchar y apretar los otros dos eslabones. Lo logró. La cadena estaba lista para brillar.

Ayudame, quiero ver cómo me queda.

Se la colgué en el cuello frente al espejo del baño. El vestido dejaba descubierta buena parte de su espalda. Su piel era de un blanco similar al del jazmín con destellos de rosa claro. Me moría de ganas de abrazarla, de besarle el cuello, de apretarla contra mí, pero me contuve. Se dio vuelta y me preguntó cómo le quedaba.

Perfecta, le dije.

Caminó hacia su pieza para terminar de cambiarse.

¿Y el Koke?, pregunté.

Ni idea, ¿por? ¿Querés que venga? Andá a buscarlo. No quiero hablar de él ahora.

Fumamos porro, charlamos y como era costumbre empezó a contarme sus anécdotas con Lelo. Luego me pidió detalles de mi huida del instituto de menores y de los robos que había hecho esa tarde junto a Abel. Ya habían pasado como dos horas y en ningún momento dejé de estar preocupado por la posibilidad de que el Koke llegara, pero ella se mantenía muy tranquila, como si esa chance no existiera. Seguimos conversando y fumando porro un largo rato hasta que desembarcamos en la madrugada. Era un día de semana, los monoblocks estaban extrañamente muy callados.

Me levanté de la silla y me dispuse a irme. Me estoy arriesgando demasiado, pensé.

No, vos no te vas a ningún lado, me dijo tapando mi salida.

Nos besamos con pasión. La apoyé contra la pared, la seguí besando y besando, metí mi mano por debajo de su vestido, besé su cuello, su cara, sus párpados, su frente.

En la pieza hicimos el amor hasta bien arribado el amanecer.

Cuando ya habíamos decidido parar, luego de unos cuantos orgasmos, me invadió un gran sentimiento de culpa. Pero ninguno de los dos dijo nada ni mencionó su nombre.

Es mejor que te vayas ahora antes de que se haga más de día, me dijo.

Me cambié, la saludé, salí, bajé las escaleras y empecé a caminar para mi casa. Iba obnubilado, era la primera vez que tenía sexo con amor, todas las anteriores fueron pocas y en noches de locura y droga. Ni siquiera recuerdo bien la cara de la piba con la que estuve la primera vez. Pero ese amanecer mientras caminaba sentía que el cielo me abrazaba, que el aire tenía fragancia a flores nuevas. Todo era novedoso y bello. Flotaba como una mariposa entre los recovecos del barrio. Doblé en una esquina y desde atrás escuché que alguien gritaba mi nombre con insistencia. Me di vuelta y quien gritaba era nada más ni nada menos que el Koke. En una de sus manos tenía una pistola calibre 45. Me estremecí. Empezaba a despertarse el barrio. Volvía el ritmo cotidiano de cientos de trabajadores y estudiantes desfilando hacia las paradas de los colectivos. Koke me puso el arma en la cabeza. Cerré los ojos y esperé morir, pero no disparó. Me dio varios culatazos en la cabeza que casi me derrumban. No tenía excusa para presentarle, tan solo me limité a suplicarle que no me matara. Llegaron un par de amigos, entre ellos, Pichu. Intentaron calmar a Koke. Pero él me tenía agarrado de la remera y me apuntaba con la pistola martillada, lo que transformaría un mínimo movimiento en falso en un disparo. Le seguí rogando y me siguió dando culatazos.

No paraba de insultarme y de remarcar mi falta de códigos. Chorreaba sangre. Pichu logró sacarle el arma. Los otros pudieron calmarlo y se lo llevaron. Yo quedé junto a Pichu y Diego. Diego trajo una botella de agua. Me la tiró en la cabeza, toda cortada. A la rastra me llevaron hasta lo de la Chueca, que tenía una pileta mediana de lona en el patio. Metí la cabeza en el agua y se tiñó de rojo. Salió la Chueca y le conté lo sucedido, de allí nos fuimos hasta lo del Puto Cali, una travesti histórica con grandes conocimientos sobre enfermería. Decenas de pibes chorros pasaron por sus manos, llevaba años extrayendo balas, cosiendo y pegando heridas, entablando fracturas, recetando y entregando medicamentos. Administraba un botiquín con todo lo necesario para las emergencias. Me pegó algunas heridas con la gotita y las limpió con pervinox. Me tomé un par de pases de merca que me convidó Pichu y pude olvidarme del dolor por un rato. Mis amigos insistían en que debía vengarme. Sin fuerzas para contestarles, repetía: Mañana lo mato.

Estaba tan mareado que no recuerdo cómo llegamos hasta mi casa, pero me desperté a la noche siguiente en mi cama. La cabeza me palpitaba de dolor y la tristeza martirizaba mi alma. Sentía culpa y odio. Me prometí matar a Koke.

Pero nunca me vengué. Tampoco volvimos a tener el mismo vínculo con Jaqueline. Ellos siguieron en pareja. Cada tanto me los cruzaba por el barrio y los saludaba. Mis amigos se burlaban de mi misericordia, pero a mi criterio Koke habiendo podido fusilarme me había perdonado la vida.

Derby

Tres años después Jaqueline se había puesto en pareja con un delincuente viejo del barrio, al que apodaban Derby, recientemente liberado luego de estar varios años tras las rejas. Derby era conocido por las maldades que les hacía a otros presos. Desde el primer momento que recuperó su libertad empezó a atemorizar a todo el barrio. Baleaba a cualquiera que consideraba que lo había mirado mal. Fiel devoto de San la Muerte, corría el rumor de que le rendía ofrendas de sangre humana. A los días que se puso en pareja con él, Jaqueline dejó de atender mis llamadas. Intentaba saber de ella a través de otros amigos, pero me respondían que no se animaban ni siquiera a pasar cerca por temor a Derby. Una tarde el Peca me avisó que Jaqueline se había suicidado con un escopetazo en la cabeza. Pero muchos sospechaban que en realidad la había matado su pareja. Lloré desconsolado.

A las semanas de su muerte, una madrugada de invierno, Derby junto con otro cómplice asesinaron a Yoyo, uno de mis grandes amigos, y le dieron un tiro en la cabeza a Balita. Nunca se supo con certeza qué fue lo que desencadenó la cruel balacera. Balita estuvo casi media hora tirado en el piso, con los sesos reventados y la masa encefálica desprendida del cráneo, pero milagrosamente sobrevivió.

Hoy da impresión verlo: la pierna amputada, la mitad de la cabeza deformada y con un ojo menos. Perdió motricidad y raciocinio, pero mantiene intacta su característica risa burlona.

Año Nuevo

Recibí el Año Nuevo y un balazo. Pero todo comenzó un día antes, el 31 de diciembre de 2004. Esa tarde con el Peca nos bajamos de un remís en una zona residencial cerca del colegio donde habíamos hecho la primaria. Las calles estaban desiertas y se sentía la fiesta en el ambiente. Es un día en el que las familias suelen reunirse y muchas casas quedan vacías. En la primera cuadra la suerte se posó sobre nuestros hombros. En la tercera casa en la que tocamos timbre no respondió nadie. La fachada tenía un enrejado de unos cuatro metros de altura, con una gran cantidad de alambres de púas. No fue fácil pasar al otro lado. Caímos al pasto del patio delantero y corrimos hacia las ventanas cerradas con las persianas bajas. Las levantamos haciendo fuerza con una pala que encontramos a un costado. Las ventanas daban a la calle y existía el riesgo de ser vistos. Pero esa tarde toda la cuadra era un gigantesco regalo con un reluciente moño dorado. Incluso pasaron dos viejitas por la vereda, a pocos metros de nosotros, y no se molestaron siquiera en mirarnos. Estuvimos un rato muy largo para lograr desprender de la pared las rejas de protección de la ventana. Cuando empezamos nuestra tarea, el sol de la tarde brillaba sin piedad; cuando finalmente logramos entrar, ya había caído la noche, con su insoportable vapor de verano. El interior de la vivienda era el de una familia típica, matrimonio y una pareja de niños, con una habitación para cada uno. En la pieza del nene había una PlayStation 2, lo que para nosotros equivalía a tener un tesoro en las manos. Festejamos descontroladamente: éramos fanáticos de los videojuegos. El Peca en su casa tenía una PlayStation 1 con la que habíamos pasado jugando un montón de horas. Misteriosamente era algo que ocurría muy seguido cada vez que iba a robar con él, siempre nos traíamos algún llamativo aparato tecnológico. Unas semanas antes, en otra casa, habíamos encontrado una cámara de video impresionante, que usamos unas horas para filmarnos con nuestros amigos por el Hueco y en los pasillos de la villa. Luego la vendimos a un precio vil, sometidos por la abstinencia cocainómana.

Necesitábamos un bolso. El Peca trajo uno, guardamos el artefacto con sumo cuidado junto a una gran cantidad de juegos y seguimos revisando el resto de la casa, pero ya el sacrificio había valido la pena. Dimos vuelta todo y no encontramos casi nada de dinero en efectivo, pero igual llenamos el bolso con todo lo que pudimos: algunas cadenas y pulseras, un DVD, un poco de ropa, cubiertos de excelente calidad, un equipito de música, juguetes nuevos, relojes de pared, teléfonos y un elemento que resaltaba sobre el resto, una caja con un arma de aire comprimido calibre 40 que encontré en uno de los cajones de la habitación matrimonial. Se notaba que estaba recién comprada, tenía toda la apariencia de un arma real, hasta en el peso; nadie podría distinguir fácilmente que era una réplica. Salimos por el mismo hueco diminuto de la ventana por el que habíamos entrado y que tuvimos que ampliar para pasar el bolso gordo con todas las cosas. No resultó nada sencillo; las rejas eran durísimas, ya era de noche, los fuegos artificiales sonaban con mayor frecuencia porque estábamos cada vez más cerca de las doce. Cuando uno está bajo los efectos de la adrenalina es posible aplastar toda lógica y obligar al cuerpo a experimentar grados de fuerza sobrenaturales. Éramos dos flaquísimos adolescentes de quince años, con los músculos derretidos de tanta cocaína, pero finalmente doblamos las rejas y pasamos el bolso. Restaba superar el siguiente obstáculo: la reja con púas que nos esperaba pasando el patio delantero y que parecía mil veces más alta y vigorosa que cuando entramos, y ahora encima había que pasar un bolso pesadísimo a través de ella. Empezamos a escalar, relevándonos en la tarea de subir el bolso. No sé bien cómo logramos pasarlo a través de una maraña espesa de púas y bajarlo sin dejar de sostenerlo en ningún momento, pero lo hicimos.

Íbamos caminando hacia el barrio bañados en sudor, con algunos cortes en los brazos y las manos. Eran casi las once y el barrio salpicaba chispas de lujuria, se veían reuniones por todos lados. Como en el Hueco no había nadie fuimos a vender todos los aparatos a la misma persona de siempre. Si no hubiese sido por él, habríamos pasado ese Año Nuevo sin efectivo. La fascinación por la PlayStation 2 se evaporó en segundos, no había nada peor que pasar un Año Nuevo sin dinero. Aunque el vendedor se aprovechó de nuestra desesperación y nos dio una cifra irrisoria, solo queríamos los billetes, dinero palpable para comprarnos droga. Lo único que conservamos fue la pistola de aire comprimido. Si la querés es tuya, amigo, me dijo el Peca. Me resistí a aceptar. Esto sirve para apavurar nomás, pero no para ir a robar, le respondí.

Ya eran las once y media cuando entré en mi casa, me bañé en dos minutos, me cambié con la ropa que había comprado hacía dos días y me senté a la mesa sin poder probar un bocado por estar bajo los efectos de la cocaína. Mamá no estaba porque se había mudado con un nuevo amante a Moreno, a la casa de uno de nuestros tíos, su hermano Fernando. Mi abuela se quedó en la pieza, fiel a su costumbre de no sumarse a ningún festejo social; siempre fue una iconoclasta total. Pero mi tío Marcos se había esmerado en hacer un asado y mi tía Flavia, las ensaladas. Yo sonreía y simulaba cortesía, hasta masticaba algún que otro bocado, aunque lo único que quería era volver a la calle para seguir tomando cocaína. Estaba orgulloso de mi vestuario, me había comprado una camisa Vans, una bermuda Rusty y unas zapatillas Adidas, todo especial para la ocasión.

Al fin se hicieron las doce. Brindé, sonreí, besé a mi tía, a mi tío y a cada uno de mis hermanos: Leo, Daiana, Melanie, Joel y Sabrina. A las doce y cuarto estaba nuevamente en el Hueco. Empezaron a llegar uno por uno todos mis amigos, vestidos con ropa nueva y resplandeciente. Varios aparecieron con botellas de alcohol. Diego trajo un trago en una piña. La cumbia caía de las ventanas. Yo no paraba de tomar merca, cada cinco minutos me daba un raquetazo. Mis bolsillos rebalsaban de papeles glasé. Tomaba como si no hubiera mañana. En el medio mezclaba con alcohol, marihuana, rivotril, jalaba poxirrán. La tarima de cemento que atravesaba el Hueco esa noche se usó como mesa. Su forma era especial para eso, un bloque de unos treinta centímetros de alto y dos metros de largo. Esa era nuestra cueva a prueba de maldiciones.

A las tres de la mañana se me había acabado la cocaína y la noche recién empezaba. A partir de allí mi memoria se quedó sin broquel. Uno de mis amigos tenía una gran cantidad de pastillas de rivotril y yo fui uno de los principales beneficiados. Sidra, vodka, fernet, champagne. El alcohol abundaba. La noche era una hélice infernal de drogas, compañerismo y baile, de salir a dar una vuelta por el barrio, volver al Hueco, beber, drogarse, salir a dar otra vuelta, regresar al Hueco y encontrarse con gente nueva. Todo ardía, la vida hacía wheelie. Había minifiestas por todos lados, los parlantes rugían, todo el mundo bailaba. Todo era un mar afiebrado de cuerpos, de gritos eufóricos, una sensual nostalgia por el año que se iba y un deseo ardiente por el que llegaba.

Amaneció. Me bañé y cambié de ropa. Atardeció y seguía muy drogado. Ya estaba cayendo la noche y el barrio recién comenzaba a despertarse de la dura resaca después del fiestón. Se me había acabado la droga y no tenía un peso. En ese mismo estado, estaban varios de los pibes. Alentado por la abstinencia de cocaína propuse salir a robar. Pero para eso primero había que buscar un arma. Uno por uno consulté a varios amigos: Mario, Pichu, Balita. En cada lugar me atendían sus madres con muy poca amabilidad. Seguí rumbo a lo de Abel, con quien habíamos comprado días atrás una pistola Bersa calibre 22. Apenas me vio empezó a reprocharme.

Mirá cómo estás, guacho, ni dormiste, andá a dormir que estás arruinado. ¿Adónde querés ir así? ¿No ves que apenas podés caminar? ¡Gil, andá a dormir, querés!

Eh, guacho, ¿vos sos mi compañero o no? Entonces pasame el fierro.

No te doy nada, andá a dormir y cuando te levantes, vamos, ahora estás muy de gira, amigo, no salgas, ¿qué querés, plata? Tomá, yo te doy.

Mótor

Rechacé el dinero y me fui enojado y ofendido. Volví a mi casa y agarré el arma de aire comprimido del día anterior, que había dejado bien guardada en el techo de chapa. La saqué de la caja, me la guardé en la cintura y salí a buscar un compañero. Me crucé al Peca, que tuvo una actitud maternal idéntica a la de Abel, lo mandé a cagar y seguí mi camino. Encaré en soledad para afuera del barrio, dispuesto a todo. En una esquina me crucé a Mótor, un pibito que en ese entonces tenía trece años. Era enano, blanquito, con nariz puntiaguda, ojos azul marino bien chiquitos, finitas e imperceptibles cejas, tenía una voz muy aguda y una picardía que rozaba la crueldad.

Era huérfano y se había criado en la calle. Ya habíamos salido a robar juntos anteriormente. Entre nuestros robos resaltaba el de un BMW que nos llevamos con Mario. Ser tan enano le brindaba una ventaja para el escruche, podía meterse por las ventanas más pequeñas. Pero también era alguien con quien la situación solía desbordarse.

32 largo

Dos meses atrás, un sábado después del mediodía, habíamos salido con Mótor a robar sin armas. Cerca de Ramos Mejía doblamos en una cuadra que estaba casi vacía. Un señor de unos setenta años regaba con alegría la vereda. Desde la puerta de la casa, a través de un jardín repleto de plantas y flores, se veía una radio en la que sonaba un tango que el viejo cantaba por lo bajo, pero con el alma. Nosotros habíamos caminado treinta cuadras sin suerte, hacía calor, estábamos cansados y teníamos sed.

¿Me convida un poco de agua, don?

Claro, joven, beba.

Bebí con desesperación, y le pasé la manguera a Mótor, que también bebió con ganas. El viejo seguía tarareando el tango.

Muchas gracias, muy amable.

Le devolví la manguera y miré a Mótor, señalándole el portón abierto. Empecé a empujar al viejo, que al principio no entendía lo que pasaba. Logramos meterlo en la casa y cerramos la puerta. La casa era bastante lujosa, de una estética antigua, con muebles que brillaban y cuadros con elegantes marcos. El viejo comenzó a gritar como una bestia agónica, se soltó de mis brazos y corrió hacia una de las piezas. Mótor se metió rápidamente en otra, creyendo que yo tenía controlado al viejo, pero en realidad me había sacado unos cuantos pasos. Cuando llegué a la pieza, estaba abriendo un cajón de la mesita de luz. Agarró un arma con la funda puesta, y grité: ¡NO, NO!

Me quedé paralizado. Estaba a punto de ser ejecutado. El viejo sacó el arma de la funda, me apuntó, y en ese preciso instante, como un ángel acróbata, Mótor le dio una patada en el pecho. Se escuchó un disparo, que impactó en el techo, y empezamos a forcejear con el viejo. Mótor consiguió sacarle el arma y lo empujó contra una de las paredes. El viejo no paraba de gritar, salimos de la casa corriendo. Yo llevaba el arma en la cintura. Todo había pasado en menos de dos minutos, aún estábamos aturdidos por el disparo y la adrenalina de la situación. Nos separaban unas diez cuadras del barrio, que hicimos caminando. Mótor había encontrado mil pesos en una de las habitaciones. Era un buen botín. Fuimos para el Hueco y frente a nuestros amigos saqué el arma, un revólver calibre 32 largo, negro, nuevo y brilloso. Tiré tres tiros al aire, que los pibes festejaron porque era un fierro ganado en combate.

Ángel guardián

Y ahí estábamos nuevamente con Mótor, saliendo a robar juntos un primero de enero, con un arma de mentira pero que parecía de verdad. Yo llevaba casi dos días sin dormir y tenía la sangre repleta de distintas sustancias. Caminamos un montón de cuadras y nada se nos presentaba. Había muy poco movimiento en la calle. Íbamos por la vereda, y en un momento quise salir al cruce de un auto que se acercaba, pero aceleró y casi me pasa por arriba. Llevábamos más de una hora dando vueltas sin encontrar nada digno de ser robado, por lo que decidimos regresar. La suerte ese día no estaba trabajando. Nunca habíamos estado tanto tiempo caminando por la calle sin hallar algo. Cuando salíamos del barrio, en menos de media hora estábamos a bordo de algún auto o de alguna moto. Era evidente que había que volver. Ya teníamos los monoblocks enfrente cuando, solo unos metros antes de la avenida Marconi, apareció un Ford Fiesta azul estacionado con las balizas encendidas. Al acercarnos pude ver que había un hombre al volante.

¿Le damos?, preguntó Mótor.

No sé, no sé. No me gusta la pinta que tiene, respondí sin frenar.

Pasamos por el costado del auto y observé al conductor. Tenía unos cuarenta años, tez trigueña, anteojos redondos con aumento y el pelo negro peinado para arriba. Como el auto estaba en la esquina, al doblar nos perdimos de su vista. Mótor empezó a reprocharme: ¡Dale, guacho! ¿Nos vamos a volver al barrio con las manos vacías? Me incitó y obedecí.

Volvimos sobre nuestros pasos decididos a robarle. Cuando doblamos nuevamente por la esquina para encararlo de frente, el conductor sin moverse del asiento había sacado una pistola y nos tenía apuntados. Disparó solo una vez, y sentí como una picadura de mosquito en la panza. El auto aceleró y se fue a toda velocidad. Corrimos hacia el barrio, sin noción del tiempo, atontados y confundidos. A los cien metros me desvanecí: la picadura era un balazo y la hemorragia era interna. Como no me salía sangre del cuerpo, Mótor creyó que me había dado un ataque de asma. A pesar de que era muy petiso y delgado, me llevó arrastrando hasta las puertas del barrio, donde empiezan los monoblocks. Yo me sentía cada vez más ahogado, estaba consciente, pero algo me asfixiaba y no me dejaba hablar. Empecé a ver un montón de rostros que se acercaban conmocionados. Perdí la audición, no podía moverme. Pocha, la madre de mi amigo Diego, vino y me tiró un baldazo de agua en la cara. Dos pibes más grandes, Polo (que ya no vive) y Guille (que sí vive y es vecino de mi casa), pararon un auto que pasaba, ayudaron a Mótor a subirme en la parte trasera y con rostros serios y amenazantes le indicaron al conductor que me llevara urgentemente al hospital. Mi cabeza iba apoyada sobre el regazo de Mótor, que me cacheteaba una y otra vez.

¡No te duermas, guacho! ¡Mirame! ¡Acá, acá estoy! ¡Amigo, mirame!

Y yo lo miraba, pero sentía cada vez más sueño, mis párpados se caían; Mótor los abría y me daba un cachetazo tras otro.

Tengo frío, Mótor, pude decir al límite de mis fuerzas.

Tip-tip-tip

Cuando desperté habían transcurrido cuatro días, tenía puesto un respirador artificial y estaba internado en una sala de terapia intensiva. A mi lado una maquinita hacía tip-tip-tip, traduciendo la música de mi pulso.

No me salían las palabras, no sentía el cuerpo. Alrededor había otras personas en grave estado. Un señor acostado justo en la camilla de enfrente se moriría unas horas más tarde. Vi cómo intentaron reanimarlo, cómo tapaban su cabeza con una sábana y luego se lo llevaban.

Cuando vinieron los médicos a revisarme me di cuenta de que de la panza me salía una manguera angosta de goma que desembocaba en una bolsa de sangre coagulada. Tenía un tubo metido por la nariz, una aguja en las venas que me pasaba el suero, el respirador artificial, pañales para cuando cagara y una sonda en el orificio de la uretra para orinar. Pesaba tan solo cuarenta y cinco kilos. Poco a poco mi cuerpo se fue despertando y sintiendo cada vez más el dolor. Sentía un pinchazo terrorífico en la parte baja de la panza. El balazo fue solo cuatro centímetros arriba de la pija. Ingresó por el sector derecho y rompió todo a su paso, por lo que tuvieron que extirparme una parte del bazo, del hígado, del estómago y del intestino grueso. La bala también cortó la arteria ilíaca de la pierna izquierda y tuvieron que hacerme un by-pass para reconectarla. Por esa misma pierna, a la altura del fémur, la bala volvió a salir del cuerpo. El proyectil había bailado en mi interior. Recién al día siguiente pude ver a mi mamá. Ella me hablaba y yo intentaba asentir, pero no podía moverme y seguía sin recuperar el habla. Entendía lo que me contaba, pero mi cuerpo no tenía la capacidad motriz de responder. Mientras mi mamá me hablaba y quizás por la fuerza que yo hacía al querer responderle, terminé vomitando una gran cantidad de un asqueroso líquido negro. Entraron dos enfermeras y me limpiaron con ayuda de mi mamá. Me volví a dormir. Cuando desperté había pasado otro día. Mi madre seguía sentada al lado mío. Poco a poco iba pudiendo balbucear algo y recuperando la sensación de movilidad. Apenas abrí los ojos volví a vomitar ese asqueroso líquido negro. Ingresó una enfermera para limpiarme, y mi mamá volvió a ayudarla. Mi conciencia era cada vez más sólida, y susurrando le pedí que me contara todo. Afuera de la sala habían estado desde el primer momento mis amigos: los delincuentes, los del colegio, los de toda la vida que vivían cerca de casa.

Mi mamá me relató que había llegado a la guardia con un paro cardíaco, que tuvieron que reanimarme, que me llevaron al quirófano, que me operaron de urgencia, que la intervención duró nueve horas, que en el transcurso de la cirugía volví a entrar en paro cardíaco y tuvieron que reanimarme. Que luego quedé en coma farmacológico, que los médicos auguraban lo peor para mí, que casi nadie tenía esperanzas de que sobreviviera a la primera noche, que el disparo había destrozado mi sistema digestivo y tenía dieciocho puntos de cicatriz en la panza. Me quedé dormido otra vez.

Escudo

Al despertarme después de unas horas, dos médicos vinieron a sacarme el respirador. Entraron mi mamá y también mi tía Flavia, que al verme me besó en la frente y estalló en llanto. ¿Por qué? ¿Por qué nos hiciste esto?

Por estúpido. Fuimos unos estúpidos al volver sobre nuestros pasos. Cuando el tipo nos vio pasar y doblar en la esquina, ya había adivinado nuestra intención. Así que al vernos regresar, solo tuvo que defenderse, eligiendo acertadamente a quien llevaba el arma; él no podía saber que era de mentira.

Mi recuperación fue asombrosa. Al día siguiente de la visita de mi tía ya podía moverme y hablar, así que los médicos decidieron pasarme a la sala de terapia intermedia. Allí podía recibir más visitas y desfilaron mis hermanos, amigos y la abuela. La razón del milagro para ella era evidente: su dios había impedido que cayera en las fauces de la muerte. Pero yo sabía muy bien que el artífice del milagro había sido el Gauchito Gil, que me había tatuado en el pecho un mes antes del balazo.

El nene

Solo un mes antes de estar convaleciente y moribundo en una cama del hospital, habíamos ido a robar con el Chino y el Negro Martín, un pibe que ya no vive. Los tres teníamos quince años. A unas siete cuadras del barrio, vimos a un tipo bajarse de un auto, que dejó estacionado, y abrir la puerta de una casa, que presumimos era la suya. Con el Chino nos apuramos, encañonamos al hombre y entramos con él, mientras Martín se subía al auto y ocupaba el puesto del conductor. Todo en cuestión de segundos. Pasamos al living, el Chino apuntó al hombre en la cabeza, yo lo revisé y le saqué una billetera bien gorda de billetes. Luego abrí una puerta y me encontré con la esposa en la cocina. Tenía la misma edad que él, unos treinta y cinco años, y al verme empezó a gritar desaforada: ¡El nene! ¡El nene!

No nos habíamos dado cuenta de esto porque el hombre no dijo nada y los vidrios del auto eran polarizados. Seguramente Martín estaría sorprendido por lo mismo, esperando a que saliéramos para ver qué haríamos con el pequeño inconveniente.

¿Dónde está la llave del auto?, pregunté al hombre.

Puestas.

Bueno, ahora nosotros vamos a salir, vamos a bajar al nene del auto, lo vamos a entrar a la casa, vamos a buscar la plata que tengan acá y…

¡Mi hijo! ¡Por favor! ¡Mi hijo! ¡Mi hijo!

La señora gritaba cada vez más fuerte, era obvio que ya alguien nos había escuchado. Nos hicimos una señal con el Chino para salir urgentemente de la casa. Encerramos a la pareja en una pieza y corrimos hasta el auto.

Encaré hacia el lado del acompañante, y el Chino a la parte de atrás. Mientras él trataba de bajar al nene, atado a una sillita de bebé, se abrió la puerta de la casa. El hombre nos apuntaba con una pistola. Si en ese momento el Chino no hubiera estado sosteniendo la sillita, el hombre nos habría acribillado sin dudarlo.

¡Levanten las manos, negros de mierda!

Martín se llenó de miedo y obedeció cuando lo que tendría que haber hecho era poner primera y acelerar.

¡Salgan del auto!

Martín y yo nos bajamos con las manos arriba, pero el Chino tomó una decisión fundamental.

¡Bajá el fierro o te matamos al nene!, gritó agachado y sosteniendo en una de sus manos la sillita con el bebé.

¡Bájenlo ustedes!

¡Bajalo vos!, insistí, agachado, copiando al Chino, y cubriéndome con el auto. Teníamos al hombre a solo tres metros, apuntándonos a la cabeza.

¡Bajen el fierro, negros!

¡Bajalo vos, ortiva!

De golpe el Chino soltó la sillita y los tres salimos corriendo en direcciones distintas. El hombre nos dio tres segundos de ventaja, que le bastaron para comprobar que su hijito estaba sano y salvo, y empezó a dispararnos. Vació el cargador, de unas quince balas, apuntándome a la espalda, a escasos metros de distancia, pero no acertó una sola. Sentí los balazos silbarme en el oído y rebotar a centímetros del cuerpo. En medio de la balacera se me cayó la billetera. No dudé y volví sobre mis pasos, si iban a matarme no sería con las manos vacías. Escuché que el hombre reemplazaba el cargador y corrí con más fuerza. Él volvió a disparar, pero esta vez no soltó todas las balas en una sola acción, se frenó y se puso en posición de tiro para disparar mejor. Otra vez sentí el ¡fiu, fiu! diabólico de las balas rozando mi cabeza.

Desde que el hombre había aparecido en la puerta de la casa apuntándonos, empecé a rezarle al Gauchito Gil para que nos salvara. Y durante toda la corrida le seguí pidiendo protección. Si me salvaba me lo tatuaría, le prometí.

Llegué extenuado, al borde del desmayo. Tenía rozaduras de balazos en las piernas y una muy grande a la altura del hombro derecho, que había roto un pedazo de mi campera Adidas blanca de algodón. En una oscura esquina entre los pasillos de la villa, me crucé al Chino, aún agitado también. Empezamos a maldecir, a insultarnos y a recriminarnos el uno al otro. Nos echábamos la culpa mutuamente por no haber cerrado bien las puertas de la pieza y de la casa, por no haber atado bien a la pareja. Insultábamos al Negro Martín por lo rápido que se había acobardado y levantado sus manos, pero por sobre todas las cosas el Chino se maldecía a sí mismo.

Estoy re enyetado, guacho, hace poco lo de mi hermano, ahora esto... ¿Trajiste la billetera al menos? ¿O la perdiste?

Acá está. Y saqué la billetera de uno de mis bolsillos. Había unos cinco mil pesos, el equivalente a unos mil quinientos dólares, y entre los documentos hallamos una credencial de policía. Festejamos. Pocas victorias eran más dulces que robarle a un policía. Lamentamos no haberle podido robar su arma reglamentaria.

Dibu

El hermanito de doce del Chino se había pegado un balazo accidentalmente. El arma con la que se disparó era suya, acostumbraba a guardarla bajo el colchón de la cama. Una tarde el Chino salió de su casa y su hermanito, aprovechando la situación, agarró la pistola por curiosidad. No se sabe bien en qué circunstancias, pero se dio un tiro en la panza. Murió en soledad y desangrado. Ninguno de los vecinos pudo socorrerlo porque nadie prestó una atención particular al sonido del disparo. Lo descubrió el mismo Chino, lo alzó, bajó las escaleras, lo subió a un auto y lo llevó al hospital, pero era demasiado tarde. La culpa lo atormentaba. Yo le había propuesto salir a robar para que se distrajera un poco.

Luego de contar los billetes y quemar el resto de la billetera, salimos a buscar a Martín. Estuvimos un rato largo dando vueltas por el barrio. Fuimos al pool del monoblock 4, a los videojuegos del monoblock 17, a su casa, a lo de distintos amigos, pero no lo encontramos. Recién supimos de él como a las cinco horas. Nos mandó un recado a través de un primo; estaba sano y salvo, pero se había caído mientras escapaba y estaba todo raspado. Le enviamos su parte del botín por medio del mensajero.

Al día siguiente fui y cumplí mi promesa: me tatué al Gauchito Gil en el pecho, del lado del corazón. El tatuador tenía catorce años, es decir, un año menos que yo, aunque parecía más grande. La máquina era precaria, pero él, muy sutil. Daba confianza su piel cubierta de sus propios tatuajes. Estaba en cueros y le colgaba un rosario de madera. Era mi primer tatuaje. Le pedí especialmente que usara buenos colores, por lo que tuve que darle unos cuantos pesos y esperar unas horas a que volviera de comprar la tinta adecuada. Finalmente, preparó todas las cosas y las puso sobre una pequeña mesa en el comedor de una casilla muy humilde. El piso era de tierra y las paredes, de chapa, el calor sofocaba. Me saqué la remera. Tardó unas tres horas en hacerlo. En el medio, fumamos porro y tomamos vino con gaseosa. Yo le añadí algunas pastillas de rivotril para amortiguar un poco el dolor de la aguja. El tatuaje era lo mínimo que podía hacer como retribución. El Gauchito Gil me había protegido, el Robin Hood correntino, santo rebelde y lúgubre, anónimo, fiel amigo de delincuentes, presos y de todas las almas que viven en los confines de la marginalidad. Santo callejero, mundano, lujurioso, sanguinario, celoso y rencoroso. No el santo blando de moda, ícono cosmético, tierno e inofensivo, que se tatúan futbolistas o empresarios y al que cualquier cheto gaznápiro rinde pleitesía.

Cuando el tatuaje estuvo listo, fui a una santería del interior de los monoblocks y me compré una réplica de yeso del Gauchito, de casi un metro de alto. Seguía sintiéndome en falta con él. Estaba ansioso por rendirle culto y darle ofrendas. Llevé el santo de yeso a mi casa. Cuando mi abuela se enteró del tatuaje casi le agarra un infarto. Me insultó de arriba abajo, me dijo que ese tatuaje significaba que había hecho un pacto con el demonio. Sin titubear me sacó el santo de las manos y lo estalló en mil pedazos contra el piso. Me mordí la lengua, miré a mi abuela con todo el odio y salí de nuevo al barrio.

Ahora, unos pocos meses después de ese suceso, estaba internado, con mi torso al descubierto y el tatuaje reluciente, como si el Gauchito Gil dijera: Este cuerpo sobrevivió gracias a mí. En terapia intermedia había un horario por la tarde en el que podían ingresar familiares y amigos. Vinieron el Peca, Jorgito, Pichu, Silvio y Balita en muletas. Jaqueline me hizo llegar una carta. Leerla me sanó un poco. Me deseaba una pronta recuperación con palabras tiernas y amorosas. También estaba permitido en ese sector que algún familiar me acompañara todo el tiempo que quisiera. Se fueron turnando para cuidarme mi mamá y mi tío Marcos. Tenían que bañarme, cambiarme los pañales cuando cagaba y vaciar la bolsa donde se acumulaba la orina.

Al sexto día del balazo pude levantarme y caminar unos pasos por mis propios medios. Hablaba cada vez mejor, aunque cada palabra me raspaba la garganta y me provocaba un dolor horrible. Pero no estaba dispuesto a rendirme.

Al séptimo día me pasaron a una sala de internación común y vino la policía. Querían explicaciones. Cada vez que ingresa un herido por arma de fuego a la guardia de un hospital se activa un protocolo por el que debe informarse al instante a la comisaría más cercana. Mótor, muy lúcido, apenas me trajo al hospital, les dijo a los médicos que nos habían querido robar y que como yo me resistí los ladrones me dispararon. Esta versión me la había comunicado mi mamá, por lo que tan solo tuve que repetirle a la policía el mismo guion preestablecido. Obviamente los oficiales sabían que esa explicación de los hechos era pura fantasía, pero como ese 1° de enero no habían recibido ninguna denuncia ni alerta por un intento de robo no tenían argumento legal para dejarme detenido. Los policías conocían bien quién era yo y a qué me dedicaba; es más, uno de los oficiales que vinieron ya me había arrestado anteriormente. Pero se fueron derrotados y yo me salvé de ir del hospital directo a la cárcel.

La persona que me disparó creyó que era imposible que sobreviviera a un balazo de nueve milímetros en la boca del estómago, por lo que pensó que no era necesario hacer la denuncia ni rematarme en el piso. Y ahí estaba yo, con la panza hecha un cierre de campera. Un ciempiés de hilo negro caminando por mi abdomen.

Esa misma tarde vinieron los médicos. Al entrar invitaron a retirarse a mi mamá y al resto de los familiares de los otros internados. Me hicieron distintos chequeos. Dijeron que mi evolución era fabulosa y me quitaron la sonda de la uretra y la otra manguera que salía de mi panza. El dolor que sentí cuando me retiraron ambos elementos fue descomunal. Me preguntaron si ya estaba preparado para volver a casa.

Creemos que podrías seguir con la recuperación en tu casa, haciendo reposo absoluto. ¿Podrás hacer reposo en tu casa?

Por supuesto.

Los médicos se fueron, entró mi mamá y le conté lo que me habían dicho. No recibió con agrado la noticia y se enojó, para ella no había motivo alguno para que yo regresara tan pronto a mi casa. Algo de razón tenía, si yo apenas podía moverme, aún estaba muy débil y solo un día antes los mismos doctores habían dicho que tenía por lo menos para dos semanas más de internación. Pero ya no soportaba la atmósfera del hospital. Y la abstinencia de cocaína me carcomía el pecho.

Mi mamá salió en busca de los médicos y de explicaciones. Volvió resignada. Al rato fue a firmar los papeles del alta.

Regresó con mi tío Marcos y con la ayuda de dos enfermeros, me pasaron de la camilla a una silla de ruedas, me bajaron por el ascensor, salimos del hospital, me subieron a un auto y me llevaron a mi casa. Habían pasado solo ocho días del balazo, pero parecía como si regresara tras una larga temporada.

Desde que llegué hasta bien entrada la noche, fue un desfiladero de amigos y amigas. Me hacían reír y eso me provocaba un dolor tremendo, en cada carcajada sentía que se me saldrían los puntos. Me ahogaba por dentro, pero era imposible no reír con mis amigos. El convaleciente era yo, ellos seguían su ritmo ansioso de vida. Cuando sos delincuente y tu albergue es la calle no hay un segundo de aburrimiento. La vitalidad es un deber. Todo es una orgía, una festividad excesiva, no importa el día ni el horario. La muerte está ahí con vos, festejando todos tus chistes.

Los tres días posteriores al alta médica transcurrieron con suma calma, tratado con mucho amor por mi familia. Únicamente me levantaba para ir al baño. Solo tenía permitido comer algunos alimentos hervidos y distintos purés. Al cuarto día de estar en mi casa, intentando ir al baño, me descompensé; se me durmieron las piernas y volví a perder el habla. Mi mamá buscó un remís y me llevaron al hospital. Doce días después del balazo ingresaba otra vez a la misma guardia. Me acostaron en una camilla, volvieron a ponerme vías intravenosas y me inyectaron un líquido amarillo que me despertó una reacción alérgica casi mortífera. Fue desesperante, empecé a ahogarme y sentir cómo mi corazón latía cada vez más lento, me estaba apagando, pero por suerte fue algo que duró solo treinta segundos y fui recobrando lentamente la conciencia. Me internaron otra vez en una sala de terapia intermedia. Mi madre no dejaba de reprocharles a los médicos por haberme dado el alta. Me quedé una semana más, me sacaron los puntos y salí caminando. Había recuperado el habla a la perfección. Ahora estaba autorizado a comer más cosas que antes. Mi abuela se encargaba de cocinarme.

Blindado

A las tres semanas del disparo abandoné las muletas y caminaba con cierto letargo. Una tarde le insistí a mi madre para que me dejara salir a andar por el barrio. Aceptó luego de rogarle durante un rato largo. Le pidió a mi hermano que me acompañara. Leo accedió. Ayudó a ponerme una faja en la zona abdominal para proteger la costura de la cirugía, podía caminar. Me aparecí de sorpresa en el Hueco, todos mis amigos me saludaron confundidos y rápidamente quisieron llevarme a mi casa.

¿Cómo vas a salir así?, me retó el Peca.

No seas gil. Tenés que recuperarte bien, agregó Abel.

Quiero salir a robar, no tengo un peso, les respondí.

¿Qué? Vos estás re loco. Vos no vas a ningún lado, me frenó Balita con seriedad. Si querés plata, te damos nosotros. Dejá de fantasmear y volvé a tu casa.

No, gracias, yo quiero lo mío.

Amigo, volvé a tu casa, no podés ni correr y querés salir a robar, trató de razonar conmigo el Peca.

Bueno, guacho, si nadie me acompaña yo me voy solo.

Los pibes forcejearon conmigo, pero nada me haría cambiar de parecer. Yo quería ir a robar y si ninguno de mis amigos estaba dispuesto a acompañarme, saldría solo, no me importaba absolutamente nada. En ese momento la vida para mí no tenía otro sentido más que ser delincuente y tener plata para drogarme. Que el balazo en la panza no me hubiera matado era un buen augurio del destino. Me sentía blindado. Pero también me sentía feo, un deforme que apenas podía caminar, con la panza hecha un espectáculo espantoso, arrastrándose lento y torcido. Estaba lleno de odio, de resentimiento, necesitaba ir a robar para calmar la frustración que me atormentaba.

Bueno, guacho, si vos querés salir a robar, vamos a salir a robar, yo soy tu compañero, pero después si te pasa algo, no vale llorar.

El resto de los pibes se opuso a esta actitud de Abel. Empezamos a discutir todos contra todos en un griterío infernal. Mis amigos querían cuidarme, y yo quería morirme.

Ya fue, listo, si quiere salir así que salga así. Andá, gil, más vale que no venga tu familia a decirnos nada porque, aunque estés todo roto, te voy a cagar a muletazos, gritó iracundo Balita.

¿Vos tenés el fierro?, pregunté a Abel.

Sí, amigo. ¿Estás seguro de que querés salir?

Y nos alejamos del Hueco. Me costaba mucho caminar, se me entrecortaba la respiración y las piernas me pesaban. Cada tres metros teníamos que frenar porque necesitaba tomar aire. Estábamos solo a dos cuadras del barrio cuando Abel me dijo:

Ya fue, amigo, vamos a volver, mirá cómo estás.

Estoy bien, me falta un poco el aire, pero eso no es por el balazo es por el asma. Después de unos minutos logré recomponerme. Sigamos, amigo, estoy bien.

Doblamos en una esquina y a media cuadra avizoramos una camioneta 4×4 de la que bajaba una joven parejita.

¡Moño!, suspiró Abel y corrió hacia la camioneta. Cuando llegué caminando Abel ya estaba sentado en el lugar del conductor y la parejita se había metido en la casa. Debíamos irnos urgentemente, pero Abel no lograba poner en marcha el vehículo. Intentó una y otra vez sin éxito así que tuvimos que bajar y volver a pie. Se repetía como en un déjà vu lo que nos había pasado la primera vez que salimos a robar juntos, cuando no pudo arrancar la camioneta del mago. Nos encontrábamos a solo tres cuadras del barrio. Si yo hubiese estado en condiciones de correr ya habríamos llegado, pero en cambio mi cuerpo se desplomó sobre la vereda. A cien metros de donde habíamos robado la camioneta se me durmieron las piernas y me derrumbé. Abel tuvo que cargarme en brazos y logró llevarme hasta el barrio. Ayudó que yo estuviera raquítico. Nos metimos en el pasillo más cercano, nos protegimos con la oscuridad, Abel me apoyó en el piso.

Yo sabía... No teníamos que salir, mirá cómo estás, amigo, todo pálido, temblando. ¿Y ahora qué hago? ¿Qué le digo a tu familia?

¿Robaste algo?, le respondí, con la respiración entrecortada.

Abel sacó de su bolsillo una billetera y un reloj, un deslumbrante Rolex plateado, bien pesado.

Tomá, gil, este te lo quedás vos, me dijo Abel.

Festejé, mis piernas despertaron y, apoyado sobre Abel, llegué a mi casa, que quedaba a un kilómetro de allí. Me dolía todo y sentía que en cualquier momento me desmayaría, pero no podía permitirme el lujo de volver a dormirme. Al entrar mi mamá me recibió con un certero cachetazo y a Abel con una amplia gama de insultos. Cuando terminó de insultarlo lo echó peor que a un perro, lo que me dio mucha bronca. Me acosté, vino mi hermano Leo y le di la plata para que la guardara. En secreto le pedí que me trajera un par de diclofenacs y rivotril. Cumplió mi pedido. Me tomé todas las pastillas y me hundí en el sueño, sonriendo dichoso por la hazaña cometida. Había salido a robar y regresado triunfante en plena convalecencia.

Adidas, Nike, Reebok, Fila, Puma

Aunque hacía todo lo posible por morirme, no lo lograba. Muchos pibes que habían recibido un balazo similar no sobrevivieron. Muchos otros quedaban con serias secuelas. En cambio, yo, más allá de mi extrema delgadez y renguera, me sentía radiante. Luego de ese primer robo, decidí calmarme un poco, por lo menos durante tres días, en los cuales me quedé en casa haciendo reposo, comiendo lo recetado y sin drogarme. Pero corría enero y hacía un calor diabólico. Teníamos un ventilador destartalado para todos y nos turnábamos para usarlo.

Vivir en una casa tan pobre, apretados, dormir sobre un desnutrido colchón, en un lugar donde nadie de la familia tenía un cuarto propio, donde el único salario era el de mi abuela, hacía que deseara estar al ciento por ciento de mis capacidades físicas para reanudar cuanto antes mi vida callejera. Robar era mi minúscula revancha.

En ese entonces mi razonamiento era bien simple: ¿Por qué algunos tuvieron de todo y yo no tuve nada? ¿Quién explicaba las razones de esa desigualdad tan obscena? No me sentía parte del mundo y estaba dispuesto a morir, pero antes, aunque sea irrisoriamente, tendría algo que maquillara mi pobreza. El precio de esa ficción de sentirnos reyes era el de morir muy joven y yo podía pagarlo. Durante esos tres días en que le di una ligera tregua a mi cuerpo, fui en un momento hasta el ropero que compartíamos con mis hermanos y miré con orgullo toda la ropa que me había comprado en unos meses. Me alegré de ver tantas prendas Adidas, Nike, Reebok, Fila, Puma. De tener seis pares de zapatillas y más de una docena de gorritas. Eran un dulce consuelo, un parche para mi resentimiento. A su vez eran el capital que fui acumulando y que demostraban la asidua actividad como delincuente que venía teniendo. De no ser un adicto compulsivo a la cocaína y un generoso Papá Noel que siempre regalaba plata o cosas a sus amigos, esa montaña de ropa sería aún más alta. Fui muy torpe y desprolijo como delincuente, cuidaba muy poco el dinero, se me esfumaba de las manos, casi todo lo que ganaba se me iba por la nariz. Los pibes éramos los principales inversores de los transas, pero nunca veíamos retornar ningún tipo de ganancia. Solo sabíamos que gastábamos una fortuna en drogas y que gracias a nosotros los transas cada vez tenían mayor bienestar y estabilidad. Nosotros éramos pura incertidumbre y debíamos arriesgar nuestras vidas y la de otros para volvernos con la plata necesaria que solventara nuestros vicios.

Esos días de reposo y de cierta introspección me sirvieron para replantearme muchas cosas, sobre todo me propuse mejorar como delincuente, no ser tan torpe, administrar el dinero, empezar a guardar alguna de las cosas que robaba y ya no venderlas inmediatamente al volver de robar o cuando estaba manija de merca.

Semidioses

Recién comenzaba marzo y mi salud resplandecía. Salvo algún que otro tirón en la zona del abdomen, el resto de mi organismo funcionaba en completa armonía. Durante febrero salí a robar todos los días. Caí preso y me fugué de otro instituto, esta vez en La Plata. La fuga fue aún más cinematográfica que la anterior, ya que tuve que volverme de un lugar que quedaba lejísimos, muy cercano al penal donde había estado presa mi madre unos años antes. Dormí en el instituto como aquella vez en Lanús y me fugué a primera hora de la mañana, pero esta vez un guardia me corrió durante un largo rato. Tuve que atravesar un extenso monte de pastos crecidos y con espinas, caminé kilómetros entre la nada y bajo el rayo del sol hasta encontrar una huella de la civilización. Antes de fugarme había logrado vender la campera que llevaba puesta a otro de los internos. Con eso podía cubrir el precio de un boleto de colectivo. Lo suficiente para llegar hasta la estación de trenes de la ciudad de La Plata. Una vez en la terminal me puse a mendigar para pagar el boleto, después de un rato junté la cifra necesaria y me subí al tren. Me dormí en el viaje, llegué a Constitución sucio, cagado de hambre y muerto de sueño. Decidí que no iba a volver a mendigar: era muy humillante estar durante horas viendo una cara tras otra diciendo que no o ignorándote. Para ese entonces ya había línea en mi casa y llamé desde un teléfono público con cobro revertido. Por suerte me atendió mi hermano Leo, le conté la situación y le pedí que me viniera a buscar. Le dije dónde lo esperaría y corté. Mi hermano apareció casi a las tres horas. Volvimos juntos a casa. Mamá seguía fugada con su nuevo amante, un tipo muy pesado que tenía hijos y mujer —de carácter muy violento—, quien se había tomado muy mal el romance y los había obligado a huir para evitar la venganza.

A mí no me entraba en la cabeza el criterio de mamá: parecía que se proponía seleccionar siempre al peor hombre posible de todo el barrio. Pudiendo estar con señores delincuentes o algún transa con dinero, terminaba con tremendos giles. Ahora debíamos lidiar con esta mujer, que donde nos veía a mí, a mi tía Flavia o a alguno de mis hermanos comenzaba a insultarnos y amenazarnos. Yo respondía con indiferencia a la telenovela de mi madre, bastante tenía con mis propios problemas. Pero dejé de ir tanto al Hueco, adonde venía la mujer despechada a cortarme el mambo. Empecé a estar más con Los del Veinte, la bandita que paraba debajo de la casa de Jaqueline. Eran pibes muy elegantes, que no tomaban cocaína. Todos les prestaban gran atención al vestuario, a los peinados, a la apariencia. Yo había entablado vínculo con ellos hacía meses gracias a Jorgito, uno de sus líderes con quien habíamos compartido el jardín de infantes. Nunca conocí a un pibe más fachero. Su preocupación por la vestimenta era obsesiva, se teñía el pelo todas las semanas, se hacía peinados raros, se iba a comprar zapatillas a lugares remotos para hacerse con algún modelo que no tuviera nadie. No le gustaba la merca, solo el porro, salía a robar muy cada tanto y con mucha planificación, y de cada golpe siempre se traía una suma importante de dinero. Todo lo contrario a lo que hacíamos en el Hueco, donde salíamos a robar al azar, donde el dinero era agua que se evaporaba, donde la ropa era importante, pero nos daba lo mismo. Yo adopté muchas de las conductas de Jorgito, sobre todo con relación al vestuario. Nuestra referencia era la legendaria banda delictiva Backstreet Boys de Fuerte Apache, los ladrones más glamorosos que existieron en un barrio popular de Argentina. Pibes chorros que se ganaron ese apodo por ser de los primeros en tener estilo propio, rehusándose al uso obligatorio del conjunto deportivo y expandiendo la creatividad; llevaban bandanas, vinchas, ropa ancha. Una vez con Jorgito visitamos Fuerte Apache, con sus famosas torres y nudos, sus edificios que sobrepasaban en altura nuestros monoblocks de apenas tres pisos. Fuimos exclusivamente al nudo uno para verlos, donde habían surgido algunos de los más respetados delincuentes de la zona. Queríamos aprender sobre moda y estudiar sus comportamientos. Volvimos encandilados. Habíamos comprobado la existencia en carne y hueso de quienes considerábamos semidioses. Con Jorgito también éramos fanáticos de F. A., la banda formada por Esteban, Maxi y Patu, tres pibes que integraban los Backstreet Boys y que hacían canciones de rap. Esas canciones hablaban de nuestra realidad de forma cruda y honesta, nos hacían conectar con la cultura de los guetos de negros en Estados Unidos, esos que adorábamos ver en distintas películas y videoclips. Ellos eran nuestros niggas, nuestros Tupac, nuestra principal inspiración cosmológica y estética.

Cuando empecé a ir al Veinte, mis amigos del Hueco se pusieron celosos y llegué a tener más de una discusión acalorada con Pichu, Balita y el Peca. En vano intentaba explicarles lo de mi madre, para ellos yo estaba incurriendo en una cruel traición. La verdad era que disfrutaba más quedarme en el Veinte que en el Hueco, en el Veinte estaba más cerca de Jaqueline, pero sobre todas las cosas me gustaba pasar tiempo con Jorgito, que derrochaba luz y simpatía.

Cuando un amigo se va

Hasta hoy sigo sin comprender las razones de su muerte. Fue un viernes a la madrugada, tenía quince años. Lo vi ese mismo día, solo unas horas antes, y nada hacía sospechar lo que vendría. Se suicidó de un tiro en la cabeza. Lloré horas y horas al recibir la noticia. No fui al velorio ni al entierro, preferí quedarme con su última imagen vivo, escondiendo la peor de las distimias entre sonrisas a los otros. Los días siguientes me puse a tomar merca en la escalera debajo de su casa, que estaba en un segundo piso, junto a un portarretrato gigante con su cara contenta.

El golpe de la muerte de Jorgito me dolió más que el balazo en la panza. Perdía a alguien con quien nos habíamos hermanado desde que volvimos a cruzarnos luego del jardín de infantes, ya siendo dos figuras del universo delictivo del barrio. Alguien con quien había vivido una amistad muy intensa en pocas semanas. Esa intensidad profunda, transparente, leal, de un compañerismo perfecto y un amor acorazado, la potencia con la que algunos seres aparecen en nuestras vidas y desaparecen en un torbellino. Con la que en un mes vivís más cosas con una persona que las que vas a vivir durante muchísimos años con el resto del mundo. Un bloque de tiempo constituido por solo dos meses, pero cargado de plutonio. En ese momento me faltaba un gran amigo y esa madrugada me había decidido a tomar la mayor cantidad de cocaína posible en su honor. Tenía suficiente plata para bancar la gira hasta el amanecer, hacía calor y el barrio ardía de sensualidad. Éramos unos diez pibes que no superaban los veinte años, el más grande era Walter, que tenía veintidós. Ya había estado preso y para nosotros él pertenecía a otra generación, por eso lo tratábamos con cierto recelo. Nos separaba una leve pero madura diferencia en las formas de ser, de hablar, de comportarnos. En realidad, Walter no paraba con Los del Veinte, sino con Los del Fondo, la histórica banda por donde pasaron un montón de grandes delincuentes y que paraban a unos metros de ahí. Los mismos que habían matado a Culacha, el padre de dos de mis hermanos. Siempre dudé de si Walter no había sido parte de los que lo acribillaron. Los del Veinte eran todos guachines, en cambio, Los del Fondo eran pibes más grandes, aunque tampoco eran viejos. Walter venía al Veinte porque este grupito tenía algo que atraía. Eso mismo que hacía que me gustara tanto estar con ellos. Con Walter habíamos charlado en algunas ocasiones y compartido drogas y alcohol, pero nunca habíamos salido a robar juntos. Fue esa noche cuando recibí mi segundo tiro.

El segundo balazo

Debe haber pocas personas en el mundo que reciben un balazo menos de dos meses después de haber recibido otro. Soy una de ellas. Tenía un revólver calibre 357 al que Balita llamaba "el mataelefantes", un arma enorme y plateada, que se había comprado Pichu y que esa tarde me había prestado para ir a robar con Mario y Donato. Hicimos un tremendo rally por las zonas aledañas y volvimos a bordo de un Alfa Romeo, que unos guachines desarmaron en minutos, como hacíamos antaño con mi hermano Leo y otros niños.

Mario era un estupendo piloto, un morochito de baja estatura, que unos años después aparecería ahorcado en una celda del penal de Ezeiza. Donato fue otro de los seres más carismáticos que conocí en mi vida. Un flaco de un metro ochenta, dueño de una sonrisa única, muy hermoso, de cejas y pestañas pronunciadas y delicadas, estaba siempre alegre, siempre ansioso y creativo, imparable, tenía un encanto al que era imposible resistirse. Su personalidad era muy parecida a la de Jorgito. Moriría en el año 2011 tras un tiroteo infernal con la policía y, a pesar de ser el mentor de los robos más famosos del barrio, casi nunca había sido atrapado. Ambos cumplíamos el 28 de febrero y todos iban a saludarlo primero a él.

No sé quién en un momento de la noche, entre jarras y porros nevados que no paraban de circular, y con la foto gigante de Jorgito a un lado, me pidió que le mostrara el fierro que llevaba encima. El bello e imponente 357 de Pichu, con el tambor lleno y tres de las seis balas de teflón, esas que atraviesan chalecos y perforan vidrios blindados. Saqué el revolver de la cintura y disparé un tiro al aire, que resonó con un largo eco cual bomba afónica y desgarrada. Daba miedo escuchar el grito de ese monstruo. Volví a guardarlo. Walter se acercó y me lo pidió entusiasmado. Lo agarró y al segundo, ¡pum!, se le escapó un tiro. Todos nos miramos esperando a ver quién se desplomaba primero, pero nadie lo hizo. Pasaron otros lentos segundos hasta que uno de los pibes gritó: ¡Tu pierna, guacho!

Se veía el agujero sobre la bermuda blanca, del que empezó a brotar sangre con velocidad. El balazo me lo había dado a mí, pero yo estaba tan pasado de merca y de rivotril que no me había dado cuenta. Los pibes se asustaron y empezaron a gritar pidiendo ayuda. Yo seguía sin dolor, aunque sentía cómo la sangre me empapaba el muslo derecho y caía de a chorros sobre el piso. Incandescente de merca y adrenalina.

¡Al hospital! ¡Al hospital!, gritaron, pero yo estaba prófugo de la justicia y si la policía se enteraba iría a buscarme para dejarme detenido.

No, guacho, busquen al Puto Cali, les ordené temblando.

Súbanlo a casa, ofreció Nico, un morocho alto y muy flaco, de mi edad, uno de los capataces del Veinte. Habíamos pasado juntos un rato durante la última Navidad, pero el recuerdo de esa noche no era nada grato. Eran las dos de la mañana, yo había ido a saludarlos, bebí y me drogué con ellos. Quince minutos después de estar en el Veinte, su hermana mayor, desde el segundo piso, a unos pocos metros de distancia, comenzó a llamar a Nico con gritos desgarradores. Él no bajó más. Habían recibido un llamado. Chano, su hermano preso, había sido asesinado por sus propios compañeros de pabellón. Chano era toda una leyenda de Los del Fondo y fue llorado por mucha gente.

Y ahí estaba Nico, tres meses después, subiéndome en andas hasta su casa. Otro de los pibes me había hecho una especie de torniquete poco eficaz que apenas frenaba el flujo de sangre. Me recostaron en un sillón. Para entonces el efecto de las drogas se había ido con la sangre y el dolor hacía estragos en mí. Gritaba y gritaba y gritaba. Mientras tanto, Walter no dejaba de pedirme perdón, de intentar ayudar con todo, de remarcar una y otra vez su remordimiento. Hasta ofreció darse un tiro en la pierna como compensación. Le dije que no hacía falta, pero insistió. Agarró el arma, me la puso en la mano, la apoyó sobre su pierna, la martilló y me dijo: Tirá, guacho. Si vos creés que no se me escapó, tirá. Le pedí que se calmara y le respondí que no tenía intenciones de vengarme. El Puto Cali no tardó mucho en llegar. Vino con su habitual botiquín y su personalidad tan extravagante.

No seas maricón fue lo primero que me indicó.

Decime si me van a cortar la pierna, por favor. Era mi principal miedo: el dolor quemaba tanto que sentía la pierna fría y completamente inmóvil. Lloraba.

Tranquilo, por lo que veo, la bala tocó todo músculo. Denlo vuelta, por favor. Mis amigos obedecieron. Quedé boca abajo sobre el sillón.

La bala salió, así que tuviste suerte, voy a tener que limpiarte bien, por si quedó algún resto de pólvora adentro de la pierna. Te va a doler un poquito.

Limpiarme la herida implicaba que una jeringa con un líquido marrón y una aguja larguísima me atravesara el muslo de lado a lado. Cuando la vi casi me desmayo de la impresión.

Pará que necesito un par de bártulos antes.

Ahí te rescato, guacho, se ofreció Walter y bajó corriendo. Volvió enseguida con cinco pastillas de rivotril, que me bajé de un solo trago de agua.

Ahora sí, Cali. Mandale nomás.

Y Cali hizo lo suyo. La aguja me atravesó el muslo, provocándome un dolor intraducible. Grité hasta quedarme dormido. Al despertarme, Cali ya se había ido y dejado mi muslo vendado con delicadeza. Walter le pagó lo correspondiente por el trabajo realizado. El hecho de estar empastillado y los efectos de la jeringa hacían que no recordara por qué estaba sentado ahí. Quise pararme y un latigazo de dolor me lo recordó inmediatamente.

Me puse a llorar en el hombro de Nico. Desde abajo empezaron a gritar mi nombre. Eran Pichu y el Peca, que venían a buscarme furiosos con Los del Veinte y en particular con Walter. Subieron y llegaron a mí sin cruzar palabras con ninguna de las personas que estaban a mi alrededor.

¿Dónde está el fierro?, preguntó Pichu. Nico se lo dio.

Luego me bajaron en andas por la escalera. A unos pasos me esperaba Mario a bordo de una motocross para trasladarme hasta mi casa. No paraba de recriminarme por lo sucedido.

Esto te pasa por andar con estos giles. En el Hueco a nadie se le escapa un tiro. Apenas te recuperes, más vale que lo hagas pelota a ese Walter, me instigó.

Llegamos hasta casa y había que darle la noticia a mi familia. Tenían que enterarse de que solo dos meses después de casi morir por un balazo en la panza había sido baleado de forma absurda. Mi abuela reaccionó con indiferencia. En eso llegaron Pichu y el Peca, hablaron algo más con ella y me acostaron en la cama. Pichu le dio a mi hermano Leo una caja de antibióticos que debía tomar para que la pierna no se infectara. Finalmente, me dormí. Al otro día la pierna era de piedra, me dolía sin límites, necesitaba más rivotril para aminorar el suplicio. Mi hermano Leo me trajo algunas pastillas y me las tomé. Mi abuela estaba trabajando. Repasé los hechos junto a mi hermano y volví a dormirme. Al crepúsculo empezaron a visitarme mis amigos. En eso llegó mi abuela y los echó a todos. Los pibes se fueron agachando la cabeza. Mi abuela gritaba frases bíblicas y me aseguró que si seguía así pronto me pasaría lo peor.

Ojalá, abuela, es lo que más quiero.

Rochos místicos

Nunca brillé tanto como cuando fui delincuente. La belleza de robar consistía en la dichosa ilusión de que la justicia podía saborearse en un instante. Toda la sumisión retenida en la saliva durante generaciones se abreviaba, superaba y transformaba en los avances de un altivo malón. Protagonista en un sanguinario y noctámbulo cuento de hadas. Odiábamos el sol porque nuestra rabiosa ansiedad de monarquía se abastecía de la oscuridad. La libertad no se buscaba, se imponía, derrochábamos vitalidad por propia voluntad, pero también a pesar nuestro. Los relojes que robábamos nos duraban poco en la muñeca. Les temíamos, nos intimidaban. Los considerábamos un elemento atroz y cómplice de las autoridades, pero sobre todo porque había una necesidad compartida de habitar otro tiempo, uno propio, bendecido por espectros delictivos atávicos. Era como adaptar mitos del pasado al presente de un barrio popular argentino. No estábamos al compás de la realidad, ni tampoco éramos ingenuos.

Dueños de todo en medio de la nada. Autores y espectadores de la misma tragedia. Socios en la caída, pero en una caída entre perlas, zafiros y dorados trofeos de guerra. Queríamos saborear los límites más dulces del abismo, aunque eso implicara morir pronto. Mientras duremos será con glamour. Había una misión, por eso cada minuto era condecorado de eternidad. La ropa deportiva nueva era nuestra envoltura aurática, lo que nos hacía sentir el mismo goce que sentirían reyes de antaño con sus atuendos esplendorosos. Todo le resultaba insuficiente a nuestra ambición. Dios mismo se arrodillaba ante nuestros milagros.

La noche más pesada dejaba caer su máscara y lo que ese rostro revelaba nos protegía más que asustarnos. Una banda de adolescentes arrogantes sancionando sus propias leyes. Los ojos de nuestros amigos muertos nos miraban a toda ahora. Eran espíritus protectores que aguardaban nuestra visita. Montañas de ofrendas al dios más inmoral desperdigadas a nuestros pies. Un lago lleno de papeles de merca abiertos y lamidos. Dormíamos solo como breve tregua en la guerra contra la sociedad. Al despertar salíamos en busca de venganza contra la pobreza que nos enfermaba. La vergüenza de la miseria era reemplazada por un ritual pagano, exaltado y pagado por los billetes de los atracos. Todo era efímero y perpetuo. La plata duraba poco, pero los rituales eran mágicos y exigentes. Las motos o los autos que robábamos estaban en nuestro poder solo unas horas, pero estirábamos cada minuto hasta lo incognoscible y en cada vuelta, en cada pirueta a bordo de lo robado, remarcábamos nuestro desprecio hacia el resto del barrio. Los vecinos del bien nos envidiaban, nos deseaban la peor de las muertes. Nuestra respuesta era perfeccionar nuestro mal y ser cada vez más fanfarrones. No perdonaban que saliéramos de la cloaca a conquistar palacios. Éramos ratas que exhibían los quesos rescatados de las trampas. Buscábamos el mármol donde tallar nuestra leyenda. Y vaya si lo logramos...

Breve armonía

Todo mi deseo estaba puesto en morir brillando. Ya había logrado ser famoso en el barrio, ya había conseguido ser reconocido por los delincuentes más emblemáticos, ya había puesto en práctica esa imagen que tanto anhelaba de niño: pasearme a bordo de una moto robada con el cuello lleno de cadenas de oro. Ya había experimentado un éxtasis de plenitud y gracia divina. ¿Qué sentido tenía seguir viviendo luego de cumplir mi sueño? A esos sentimientos se les sumaba la culpa.

El cuerpo empezaba a sobrarme. A mi panza deformada por una larga cicatriz ahora se agregaba una pierna renga. Sin embargo, puse en pausa mi muerte y cumplí las indicaciones de Cali, tomé los antibióticos y durante toda una semana no consumí cocaína. Otra vez mi recuperación fue milagrosamente veloz. A los quince días ya estaba robando de nuevo, con un poco de renguera, pero no la suficiente para impedirme correr. Se terminaba el verano. Abel ya no estaba, se lo habían llevado preso de al lado mío unos policías de civil durante una emboscada en uno de los pulmones de los monoblocks. Había perdido a mi piloto favorito y a uno de mis amigos más fieles. A partir de esa caída, Mario pasó a ser el líder: tenía mucho oficio al volante, heredado de su padre mecánico, que le había enseñado a manejar desde muy chico, pero no era tan elegante como Abel y le gustaba andar rápido. Cada vez que salíamos juntos volvíamos con mucha plata. No era adicto a la cocaína y siempre tenía mucha más lucidez que el resto.

Durante ese abril tuve mi mejor racha. Salí a robar diariamente. Autos, camionetas, casas. Era cada vez más sofisticado: robar con gente más grande implicaba tomarse las cosas mucho más en serio, hacer todo con un pulso más parsimonioso y en estado de sobriedad. Vale aclarar que esos pibes no superaban los veinticinco años, pero ante nuestros ojos ya eran próceres con conductas opuestas a las nuestras, que salíamos completamente drogados, inconscientes y eufóricos. Por eso abundaban los desenlaces trágicos.

Robé sin parar a punta de pistola y logré meterme de escruche en mansiones de lujo con la complicidad del Peca, Pichu, Yoyo y dos amigas: Daniela y Susy, recién llegadas a la banda. Bellas y conscientes de su imagen, podían andar tranquilas observando por cualquier zona residencial. Luego nos pasaban el dato e íbamos con ellas a algunas de las casas que habían marcado. Los resultados eran exitosos. Una tarde nos metimos con Daniela a una casa en una zona residencial de Haedo y nos trajimos unos miles de euros, una cantidad importante de objetos de oro y unas cuantas armas, entre ellas, una escopeta doble caño, calibre 16. La misma fortuna habíamos tenido con Susy, con quien también pudimos entrar a casas de ensueño y traernos alhajas y grandes sumas de dinero. Mi respeto en el barrio crecía: delincuentes cada vez más veteranos querían robar conmigo. Todos resaltaban mi serenidad en los asaltos, pero sobre todas las cosas yo conocía las zonas de mayor nivel adquisitivo que estaban más regaladas, es decir que eran más propicias para un robo eficaz, seguro y tranquilo. Zonas que había conocido en mis tiempos de niño ciruja.

Estaba obligado a valorar la oportunidad que se me había presentado. Disminuyó el caos y se impuso un cierto orden en mi vida. Había pegado un salto al futuro.

Cacería

La estabilidad duraría pocas semanas. El destino estaba sellado. El jueves 19 de mayo de 2005 mi intención era jugar un partido de fútbol con mi hermano Leo y otros amigos, pero uno le pegó tan fuerte a la pelota que cayó en un techo. Como a la media hora la pelota no volvía, decidí pegarme una vuelta por el Hueco. Me crucé con Mario y Donato, inflados de alegría. Recién llegaban de robar y les había ido muy bien. Llevaban unas opulentas cadenas de oro que aún olían a los cuellos de los que habían sido arrancadas. Los saludé y felicité. Bebimos una gaseosa. Fumamos porro. Intercambiamos chistes. Yo tenía plata y ellos también, no había necesidad de salir a robar. Sin embargo, decidimos salir igual.

En casa me saqué el disfraz de futbolista y me puse un jean, un pulóver y una campera. Todas las prendas eran de primera marca y provenían del mismo mueble y de la misma casa que había robado unos días antes. Llevaba un reloj en cada muñeca, pulseras y anillos de oro.

Veinte minutos después Mario me esperaba. Donato se había bajado de la misión, pero de todas maneras seríamos tres. Daniela, su novia, completaba la vacante. Luego de deliberar decidimos tomar un colectivo hasta Ramos Mejía y desde allí caminar hacia la zona acaudalada. Salimos con la escopeta calibre 16 que habíamos encontrado con Daniela en la lujosa casa de Haedo. Una de esas típicas de caza, a la que le había cortado la mitad del doble caño para que no fuera tan ostentosa y llamativa. La guardé en un bolso Nike azul, también robado. Parecía que llevábamos un palo de hockey o de golf. El colectivo tardaba bastante en venir. Después de media hora le pregunté a Mario si no sería mejor abortar la misión y esperar al día siguiente. Era de noche, hacía cada vez más frío y teníamos plata... Antes de terminar la frase vislumbramos a lo lejos el colectivo. Subimos y pagamos el boleto. Mario se sentó con Daniela y yo detrás de ellos, llevaba el bolso con la escopeta. El colectivo estaba semivacío. Mario sacó una tableta de rivotril del bolsillo del pantalón. Me tomé tres pastillas, y él y Daniela también. En menos de diez minutos llegamos a la estación de Ramos Mejía, y nos dirigimos a la zona preestablecida, que conocíamos bien de robos anteriores. A las siete cuadras nos topamos con el garaje de una casa bastante grande, cuyo portón se estaba levantando. No hizo falta que nos hiciéramos señas. Nos abalanzamos sin discreción sobre el conductor de la camioneta, que ya estaba al volante. Lo bajamos, lo revisamos y salimos a bordo del vehículo. Allí comenzó una sucesión de autos robados, como si compitiéramos con Mario por ver quién tenía más aguante. De otro modo, era incomprensible que no nos hubiéramos dado cuenta de que estábamos excediéndonos. Con la primera camioneta robamos a distintos transeúntes. A uno de ellos le saqué una soga de oro impresionante. Daniela tenía una hábil destreza para revisar bolsillos, quitar relojes, pulseras y en segundos meter todo en el bolso. De esa camioneta pasamos a un auto, del auto a otra camioneta, de esa camioneta a otro auto. Habíamos sembrado el terror por varias cuadras. Entonces, decidimos ir a Ciudadela y seguimos robando casi todo lo que se nos cruzaba. Las pastillas ya habían hecho efecto, no sentíamos ni el miedo ni el peligro. Robamos una 4×4 con tres gigantes a bordo. Ninguno se resistió, no eran tontos, la escopeta aterraba, un solo balazo podía borrarte el cráneo. La camioneta tenía dos cajas de cambio y Mario no sabía usarlas. Estuvo unos segundos eternos tratando de descifrar cómo arrancar. Cuando finalmente lo logró, salimos marcha atrás y chocamos duramente contra una pared. Se rompieron los vidrios traseros. Mario encontró la primera y huimos a toda velocidad entre los gritos de los damnificados y los vecinos. Después de alejarnos unas cuadras, Daniela dijo que ya era suficiente, que había que volver al barrio, que teníamos de todo y la policía estaría rabiosa buscándonos. En el bolso había gran cantidad de billeteras, cadenas de oro, relojes, celulares. Además, cada uno tenía algo en los bolsillos. Pocas veces había hecho un rally tan extenso. Coincidí con Daniela: ya era hora de volver. Nos pusimos de acuerdo los tres y Mario encaró el regreso, pero a unas pocas cuadras nos quedamos sin nafta. Para nuestra fortuna, apenas nos bajamos, apareció otra camioneta viniendo de frente hacia nosotros, una Renault Kangoo gris bastante nueva. No dudé un segundo, le salí al cruce en mitad de la calle y apunté con la escopeta al conductor. Lo bajamos de los pelos y nos fuimos a toda velocidad. En la parte de atrás había varias bolsas repletas de ropa nueva.

Ahora sí, al barrio, dijo Mario.

No volvamos por la avenida que debe estar toda la gorra, sugirió Daniela.

Probablemente tenía razón. Era mejor entrar por un lugar menos conocido. Mario pegó un volantazo y empezamos a acercarnos al barrio, pero sin tomar ninguna de las avenidas principales. En eso nos cruzamos con un hombre bastante portentoso que bajaba de una imponente 4×4 marca Nissan. Mario me miró, yo lo miré y asentí con la cabeza. Frenamos, nos bajamos y yo encañoné al tipo, que parecía un patovica.

¡Dame la llave, gil, dale, o te mato!

Sí, sí, tomá, no me hagas nada por favor, soy policía.

La respuesta me dejó frío, pero reaccioné rápidamente metiéndole la mano en la cintura. Encontré una pistola plateada.

¿Así que sos ortiva? ¡Tomá!

Y le di un culatazo en la frente con su propia arma. Un segundo después vimos la mismísima luz mala: el maldito reflejo azul de la sirena de un patrullero que doblaba por la otra esquina hacia nuestra ubicación. Pero se acercaba en silencio y a poca velocidad, era claro que solo estaba patrullando y no venía a buscarnos. Subimos rápido a la Kangoo. No podíamos ir marcha atrás porque una avenida muy transitada nos bloqueaba el paso, debíamos avanzar obligatoriamente frente al patrullero, que cada vez se acercaba más. El móvil pasó a nuestro lado sin darse cuenta de nada, pero a los pocos segundos el policía dueño de la 4×4 corrió hacia ellos, haciéndoles señas con las manos en alto.

Mario aceleró y por mi espejo lateral pude ver el patrullero clavar los frenos y pegar la vuelta con toda la furia. Ahora sí venía decidido a cazarnos. Encendió la sirena y comenzó la persecución. Estábamos solo a veinte cuadras del barrio. Le sacamos casi una cuadra de ventaja, pero a los trescientos metros, en el cruce de calles, apareció otro móvil que salió a cortarnos el camino. Mario lo esquivó con pericia y audacia. Ahora teníamos dos patrulleros detrás.

¡Tirale, guacho! ¡Dale!, me ordenó Mario.

Saqué la mitad del cuerpo por la ventanilla y tiré, pero la bala no salió, era la primera vez que la escopeta fallaba. Me metí adentro y en ese mismo instante la policía comenzó a disparar sin clemencia. La lluvia de balas era tan intensa que nos rompió los vidrios traseros, el espejo lateral derecho, y varios tiros atravesaron el parabrisas. Solo restaban diez cuadras para llegar al barrio. Dejé la escopeta y con la misma pistola que le había robado al policía disparé hacia los patrulleros, que ya no eran solo dos sino más de cuatro. Íbamos a fondo. Si algo llegaba a cruzarse, aunque fuera una mosca, era probable que perdiésemos el control y nos estrelláramos. El barrio estaba cada vez más cerca: cinco cuadras, cuatro. La policía seguía disparando sin piedad. Un patrullero casi nos alcanzó y se puso al costado. Un oficial tiró desde muy cerca; vi los chispazos ahí nomás de mis ojos, pero inexplicablemente no acertó. Dos cuadras para el barrio. Le disparé al patrullero, sin lograr tampoco grandes resultados. Una cuadra, ya llegábamos, media cuadra. Las sirenas eran cada vez más aturdidoras y otras iban acercándose. Adelante se veían más patrulleros que cortaban la calle, por lo que Mario decidió doblar para entrar por una zona de pasillos. Solo los habitantes del barrio conocíamos sus pasadizos secretos. Era el lugar ideal para una fuga. Cuando estábamos a punto de ingresar, un balazo pinchó una de las ruedas traseras. Perdimos el control y chocamos contra el alambrado de una de las casas de la villa. Mario se bajó y corrió, Daniela también. Yo quedé atrapado porque mi puerta estaba trabada contra el alambrado de la casa. Me pasé al asiento del conductor, agarré la escopeta, abrí la puerta, bajé. Puse una pierna en el piso y luego la otra, pero los segundos que perdí en salir de la camioneta fueron fatales. Apenas hice pie, me rodearon muchísimos patrulleros y varios oficiales me apuntaron. Dispararon y se apagó la luz.

Garabato

Cuando desperté creí estar en el infierno, pero estaba tirado en medio del asfalto con la pierna derecha hecha pedazos. Desde el suelo vi cómo varios vecinos y vecinas exigían a la policía que me llevaran al hospital. La policía no se mosqueaba.

¡No defiendan a los chorros!, gritó un oficial enfurecido.

¡Se está muriendo, llévenlo al hospital!, reclamó entre el tumulto una amiga que reconocí mientras me desangraba.

Tres tiros en la pierna derecha me rompieron el fémur, y otro balazo en la izquierda solo destruyó el músculo sin tocar el hueso. La policía me había arrastrado desde el costado de la Kangoo, donde caí desmayado, hasta el medio de la calle. Se había formado un charco con la sangre que perdí por los balazos y como yo estaba inconsciente y boca abajo, los vecinos me dieron por muerto. Un cuerpo tirado sobre un charco de sangre, la imagen engañaba. Ignorados, recrudecieron el reclamo y empezaron a arrojar piedras contra los patrulleros. La ambulancia seguía sin aparecer. Llevaba media hora perdiendo sangre, mi pierna hecha un garabato. Ante la furia la policía no tuvo más remedio que trasladarme otra vez al cercano y salvador Posadas. Me subieron en la parte de atrás de una camioneta policial; la patona, como le decíamos los pibes. Era una camioneta Ford Ranger sin la caja trasera. Nuevamente, tirado boca arriba, agonizaba en dirección al hospital. Pero esta vez no estaba mi compañerito Mótor para cuidarme y alentarme, sino un oficial que me apretaba el pecho con la rodilla y apoyaba la pistola en mi frente a pesar de que no podía moverme. Antes de que me ingresaran en la guardia, los policías me robaron todo lo que llevaba encima: los relojes, las pulseras, las cadenas, la plata y una alianza de oro. Me desperté a las horas, ya caída la madrugada. Tenía un fierro angosto atravesado de lado a lado en la parte superior de la rodilla y unas férulas con bastante peso para inmovilizar la pierna, que colgaba hacia arriba. El dolor era fulminante, pero no tenía fuerzas para gritar. A pesar de que no podía moverme, me tenían esposado, mi brazo izquierdo sujetado a la cama. A un costado dormía un policía. Aguardé sin pegar un ojo hasta que amaneció y volvió el frenesí hospitalario. Cuando el policía se despertó me miró con asco, salió de la sala y entró otro que me miró con más asco todavía. Esta vez no sería como cuando me dieron el balazo en la panza; estaba solo y rodeado. Pasadas muchas horas dejaron entrar a mi mamá. Al verla la traté con desprecio porque no sabía de ella desde hacía varias semanas, cuando había huido con su amante. Esa misma mañana, y en su presencia, los médicos me dieron el diagnóstico detallado. Tenían que operarme para introducirme clavos de platino en el fémur destrozado. Una de las balas había rozado una de las arterias femorales y me había salvado solo por milímetros de que me amputaran la pierna. También tenía un balazo que me había rozado el hombro derecho. Cuando vinieron a tomarme los datos mentí sobre mi identidad y di el nombre de mi hermano de catorce, por lo que me hallaba en el sector de pediatría. Era un espectáculo grotesco. Yo estaba internado y era vigilado con celo por la policía en la misma habitación donde había niños internados por diferentes causas. Lo peor de ese sector era un niño que estaba al lado mío, el pobrecito tenía una infección muy severa en la cabeza y se la pasaba llorando de dolor todo el día. Lo mejor era la comida, mucho más abundante y deliciosa que en los pisos comunes. Con el correr de las horas los policías fueron aflojando su enojo y me sacaron las esposas. Hasta pude entablar un diálogo con algunos de ellos. Pero desgraciadamente a los pocos días saltó la ficha de mi mentira y me trasladaron a una sala común de adultos. Cuando se develó el engaño y descubrieron mi verdadera identidad, la policía se puso más rígida que antes y me prohibieron las visitas. Mi abuela empezó a mandarme comida en grandes cantidades a través de mis amigos o alguno de mis familiares. La idea era compartirla con los policías que me vigilaban y de esa forma lograr que aminoraran el rigor. Al quinto día de estar comiendo lo que mi abuela les mandaba, volvieron a permitirme las visitas.

Estuve un mes y medio internado con la pierna colgada, porque costó muchísimo conseguir los clavos necesarios para la operación. Los directivos del hospital veían como un desperdicio usar en un delincuente las prótesis pagadas con dinero del Estado. Mi mamá y mi abuela tuvieron que insistir hasta lograrlo. Al fin me operaron y la cirugía fue un éxito. Nuevamente los médicos de la salud pública me salvaron, esta vez de perder la pierna. Al volver a la sala de internación y sin el efecto de la anestesia, lloré desconsolado por el dolor, pero más aún por la sensación de verme hundido en la más espesa de las tinieblas. Deseaba con todas mis fuerzas haber muerto, se lo reproché a los policías: ¡Me hubiesen matado, ni para eso sirven!

Faltaba ver cuál sería mi destino carcelario. La carátula que pesaba sobre mí era robo calificado (multiplicado por diez, pero deberían haber sido más porque robamos mucho más que diez autos) con los agravantes de poblado en banda, resistencia a la autoridad y tenencia de armas de fuego. Motivos suficientes para ir del hospital a un instituto de menores y quedar encerrado por un largo tiempo.

Nueva oportunidad

Luego que me operaron mi abuela fue a hablar con la jueza a cargo de mi caso, quien, apiadándose de mi estado de salud, pero sobre todo por la congoja de mi abuela, decidió darme una nueva oportunidad. Me dejó bajo arresto domiciliario, con mi abuela de garante. Así que una semana después de la cirugía me hallaba otra vez haciendo reposo en mi casa. Estaba muy flaco, con la pierna derecha hecha trizas y llena de cicatrices. Todavía tenía resonancias del balazo en la panza y del que me había dado Walter, y ya me habían baleado otra vez. Seis heridas de arma de fuego en cuatro meses y medio. La sola conciencia de tener un cuerpo resultaba una tortura. Me dolía hasta el último átomo. Creía que nunca más volvería a caminar normalmente. Pero si bien la angustia me ahogaba y sentía que mi vida estaba terminada, podía comprender y valorar la suerte que había tenido. Balita había sido baleado casi en el mismo lugar y a él le amputaron la pierna; yo, mal o bien, conservaba la mía.

Mi hermano Leo era el que más me ayudaba en la convalecencia, me traía la comida, me alzaba y me llevaba al baño, me cambiaba la ropa y me bañaba. Mi madre y mi abuela esta vez estaban enojadas y un poco resignadas. Si bien tan solo respirar me raspaba el alma, en ningún momento se me cruzó por la cabeza cambiar de vida y abandonar el delito. Pensaba que mientras antes me recuperara y caminara, más rápido podría volver a la delincuencia. Tenía un objetivo claro y mi voluntad desmentía al dolor. Además, ahora mi prestigio en el barrio era mucho mayor. Me había tiroteado con la policía luego de un tremendo raid delictivo, me habían baleado... esos logros automáticamente te ingresaban en la vitrina de la tradición delictiva del barrio.

No me importaba el esfuerzo que había hecho mi abuela poniendo la cara frente a una jueza para que no me mandaran a prisión, ni todo lo que habían sufrido mi mamá, mi tía Flavia, mi tío Marcos, mis hermanos, mi amigo Silvio o mis amigos de la escuela. Estaba ciego, o mejor dicho mis ojos solo querían ver un final épico para mi vida. No deseaba otra cosa, toda mi libido estaba puesta en ese propósito. No me importaba el sexo, para mí era más placentero marcar a fuego mi nombre en el panteón de los delincuentes más importantes del barrio. Me excitaban más la cocaína y salir a robar. Y, sobre todo, no me conmovía el llanto de ningún ser querido. Los odiaba a ellos también.

A las dos semanas de salir del hospital empecé a andar en muletas. Al principio hacía dos pasos y me cansaba como si hubiese corrido una maratón. Pero era tenaz el deseo de seguir robando. Por eso a los dos meses que me dieron los balazos en las piernas ya era un experto en el uso de las muletas. No hubo forma de que mi familia me detuviera, si no me dejaban salir yo empezaba a gritar y gritar como un niño caprichoso. Mi abuela, como siempre, se la pasaba trabajando y mi mamá seguía en el rollo con su amante. La que más intentaba calmarme era mi tía Flavia, pero ella cursaba ya un cuarto embarazo y prefería dejarme ir antes que hacerse más malasangre. Mis amigos del Hueco también trataban de detenerme e insistían para que me tranquilizara. Me daban plata, pero se negaban a drogarse conmigo. Yo me escapaba todo el tiempo de casa, aunque la pierna recién operada necesitaba descansar. Quería salir a robar en muletas. Balita, con su pierna amputada, lo había hecho muchas veces, ¿por qué no iba a salir yo? Pero ninguno de los pibes me daba importancia. El único que escoltaba mis delirios era el Peca. Me pasaba merca a escondidas de los demás o me la traía a mi casa y tomábamos en mi pieza.

Capeo

Un sábado gris y frío de julio, el sol caía en un crepúsculo lila sobre el Hueco. Yo estaba parado, apoyado sobre mis muletas y bajo los efectos de la cocaína. A mi lado estaba el Peca, igual de duro. Llegaron cuatro de nuestros amigos y nos avisaron que se irían a capear, así llamamos en la jerga secuestrar a alguien, por lo que debíamos estar atentos a cuando regresaran. Quedamos solamente el Peca y yo. La cumbia colombiana rebotaba por los monoblocks.

¿Tenés algo de plata?, le pregunté.

Cero, re pelado.

Uh, la concha de la gorra. Vamos hasta mi casa que tengo encanutado un reloj para mandarlo a balanza.

No, amigo, guardateló. No seas manija, esperemos a que vuelvan los pibes.

Yo quiero lo mío.

Esperemos y veamos qué traen los pibes.

Está bien, vayamos a mi casa, así hago un poco de conducta.

En casa estaba mi mamá, que había regresado temporalmente de su idilio romántico. Se puso a cocinar un guiso de arroz que le salió muy rico. Con el Peca nos comimos dos platos. Ella estaba contenta de vernos comer, algo que no solíamos hacer por estar siempre drogados. Cuando terminamos, miré el reloj y ya eran más de las nueve, los pibes se habían ido hacía dos horas por lo que tendrían que estar volviendo, pensé. Le hice señas al Peca de que debíamos irnos, pero mi mamá se dio cuenta y se opuso con firmeza a nuestra idea.

No, señorcito, usted se queda acá, no sale a ningún lado. Vos, Peca, andá yendo nomás.

Dale, ma, es sábado, no voy a hacer ninguna, ¿no ves que no estoy ni drogado? Solo quiero dar un par de giros por el barrio, me aburro acá en casa.

No y no, dije. ¿Qué querés? ¿Que se te infecte la pierna? Aparte, ¿no ves el frío que hace?

Dale, ma. Un par de giros y vuelvo, te lo juro.

Estuve un rato largo rogándole que me dejara ir. Me costó mucho convencerla y accedió solo para no aguantarme más. Salimos de casa y encaramos para el Hueco. Los pibes aún no habían regresado. El frío era atroz. Nos sentamos y fumamos un porro.

Vayamos a dar un giro por el barrio, propuse.

Empezamos a caminar por distintos sectores de los monoblocks: la villa, la canchita. Saludamos gente a diestra y siniestra, a algunos de ellos les preguntábamos si sabían algo de nuestros amigos, pero nadie los había visto. A la media hora llegamos hasta el monoblock 1 y nos pusimos a conversar con los pibes que se juntaban allí. De repente vimos que por una de las calles doblaba a toda velocidad una tremenda nave: un Mitsubishi Lancer, de color blanco, con los vidrios polarizados. Pasaron volando al lado nuestro, de refilón pude ver que la patente no era argentina. No había dudas de que se trataba de un auto robado, los vidrios eran tan oscuros que impedían descifrar quién iba adentro, pero intuimos que eran nuestros amigos.

Con el Peca fuimos tras la nave. Yo iba pegando grandes zancadas con las muletas. Llegamos hasta un descampado rodeado de monoblocks. El auto se frenó y bajaron nuestros amigos con un hombre que tenía la cabeza tapada con una campera negra. Nos acercamos en silencio, nuestros amigos aceleraron la marcha y los perdimos de vista. El auto quedó ahí.

Andá a revisar, le dije al Peca. Mi amigo corrió. Yo también me acerqué, pero la pierna no me dejaba hacer mucho, me quedé parado exhausto a un costado, apoyado en las muletas. El Peca terminó de revisar y luego abrió el baúl, que estaba semivacío.

Encontré esto nomás, dijo mostrándome un Rolex destellante.

Fuimos en busca de nuestros amigos. En el Hueco no estaban.

Están allá, en la casilla, nos informó uno de los pibes.

Se olvidaron esto en el auto, le respondió el Peca ofreciéndole el reloj.

No pasa nada, quédenselo.

No, no, es de ustedes, insistí.

No pasa nada, compañero, nos trajimos banda de dólares. Aceptalo, hoy por ti, mañana por mí.

Y nos fuimos a la casilla, una vivienda muy precaria, toda de madera y con piso de tierra. La víctima era un brasileño, que justo circulaba con su auto por la zona de Ramos Mejía, de donde se lo habían traído mis amigos. Evidentemente era alguien que tenía mucha plata, su cuerpo emanaba olor a empresario. Lo tenían sentado en el piso, con las manos atadas y la cabeza cubierta con la misma campera que habíamos visto antes.

Fijate si lo podés calmar vos que tenés buena parla, me pidió uno.

A ver, señor, ey, tranquilo, tranquilo. ¿Me entiende lo que digo? ¿Quiere agua?, le ofrecí al pobre hombre, que estaba muy asustado y no paraba de llorar.

Mis hijos, mis hijos.

Ey, dejá de llorar la concha de tu madre, le ordenó el Peca y le dio una piña.

Pará, ¿qué hacés?, le reproché y volví a hablarle al secuestrado. Escuchame, escuchame, ey. ¿Entendés algo de lo que digo?

Sí, entiendo.

Bueno, te habrás dado cuenta de lo que pasa, ¿no? Si querés irte rápido, van a tener que pagar. Si no, te matamos, ¿entendiste?

Pero yo soy de Brasil, ¿de dónde saco la plata? Si ya me robaron todo... Esta vez su respuesta fue en un perfecto español.

¡No te hagas el boludo! Le di un muletazo en las costillas. Dame un número de teléfono donde podamos pedir rescate o te matamos.

No, por favor, tengo hijos.

Bueno, tomá, llamá. Le pase su celular.

El brasileño obedeció y marcó un número. Unos segundos después alguien del otro lado atendió. Agarré el teléfono.

Tenemos a tu amigo secuestrado, si no querés que lo matemos juntá 100.000 pesos de acá a diez minutos. Si se entera la policía lo matamos. Chau, te llamo en diez.

El brasileño seguía en plena crisis de nervios, lo que impacientaba bastante a mis amigos.

Ey, tranquilizate. Si tu amigo paga te largamos.

No me hagan nada, por favor. Mis hijos me esperan, yo no soy malo.

Tranquilo, si pagan te vas. Escuchame una cosa, tengo una pregunta, me tenés que responder sí o sí.

¿Qué? Por favor, no me hagan nada. El brasileño lloraba y lloraba.

¿Para vos quién fue mejor jugador, Maradona o Pelé? Mis amigos estallaron de risa.

¡Ey, cállense! Quiero saber. Dale, brazuca, decime quién fue mejor.

Maradona, Maradona.

Y sí, gil, llegabas a decir Pelé y ahí sí que te matábamos en serio.

Luego de decirle eso volví a llamar por teléfono.

¿Y? ¿Juntaste la plata?

La estoy juntando, por favor, díganme cómo está mi amigo.

Tu amigo está bien ¿No que estás bien? Decile. El brasileño balbuceó unas palabras.

¿Cuánto juntaste?

20.000.

¿Nos estás cargando? ¿Vos querés que tu amigo viva o no?

Sí, sí, pero denme tiempo por favor, yo…

Te llamo en diez minutos, si no juntaste esa plata lo volamos. Corté.

El brasileño seguía llorando.

Traele agua, le pedí al Peca. Llenó un vaso de plástico gris en la canilla y lo trajo.

Tomá agua, dale, te voy a sacar la capucha. Si nos llegás a mirar, te doy un tiro acá nomás. Le levanté la campera, dejé su boca descubierta y el Peca le dio de beber. El brasileño se calmó un poco. Volví a agarrar el teléfono y llamé.

¿Y? ¿Cuánto juntaste?

Ya tengo 40.000, pero necesito más tiempo.

No, no hay tiempo, ya está, lo vamos a matar. Corté y le hablé al brasileño.

Ahora voy a llamar a tu amigo y le vas a decir que no se haga el boludo y junte la plata, que no mienta porque te matamos y no te van a encontrar nunca más. ¿Entendiste? El brasileño asintió.

Llamé, puse al brasileño al habla.

Juntá la plata, José, yo después te la devuelvo, por favor, me quiero ir, por favor, José, imploró el brasileño.

¿Escuchaste, rata de mierda?

Sí, sí, por favor, no le hagan nada.

¿Tenés las cien lucas?

Sí, ¿adónde se las llevo?

En cinco te llamo y arreglamos el lugar para la entrega.

Discutimos con mis amigos sobre cuál era la mejor opción para el pago del rescate. Decidimos que lo más acertado era que viniera José hasta el barrio. Lo esperaríamos en una de las calles. Ya me disponía a hacer el llamado para terminar de cerrar la transacción cuando apareció en la casilla uno de los pibes, agitadísimo.

¡Está todo el barrio rodeado por la gorra! ¡Váyanse ya!

¿Qué?

Sí, guacho, nunca vi tanta policía en mi vida, este gil debe ser alguien importante.

Ya fue, guacho, vámonos. Todos salimos de la casilla y volvimos al Hueco. Un helicóptero de la policía sobrevolaba a ras el barrio, barriendo con el reflector.

¡Uh, toda la gorra, pero de piola!, dijo el Peca.

Sí, guacho, vamos para mi casa, ya fue.

No, yo me voy a mi casa, más tarde nos vemos, cuando pase un poco la bronca.

Cada cual se fue para su lado. Yo volví a casa, estaba todo oscuro. Crucé el comedor donde mis hermanos veían una película con mi mamá. Entré directo a la pieza y me acosté. Se seguía escuchando el sonido del helicóptero que sobrevolaba el barrio. Decidí no salir más esa noche. Encendí el televisor de mi pieza y puse un canal de noticias, estaban informando sobre un secuestrado de origen brasileño rescatado en el interior de la villa Carlos Gardel, sano y salvo. Sonreí. Al rato me dormí.

Atestado

Al otro día el barrio seguía atestado de policías, hasta habían puesto un patrullero que vigilaba el Hueco. No vi a ninguno de mis amigos. Me volví.

Recién me crucé con uno el lunes por la tarde. Ya para entonces todo estaba más calmo y la policía se había retirado de nuestra morada. El martes y el miércoles continuaron bajo la más estricta rutina. El jueves estuve un rato en el Hueco, fumando porro, tomando merca y escabiando. Mi pierna iba mejorando, podía caminar con una sola muleta. Casi nadie mencionaba lo del brasileño y quien lo hacía se lamentaba por la oportunidad perdida, por no haber podido cobrar el rescate. Al menos yo me había quedado con un fastuoso reloj. Esa madrugada se terminaría mi frenética, alocada, vertiginosa e infernal vida delictiva.

Burocracia en el hades

A las cuatro de la mañana cuando aún la madrugada resplandecía de silencio, el Grupo Especial de Operaciones Federales (GEOF) de la policía bonaerense ingresó en mi hogar, destrozando la puerta. Todos tenían pasamontañas, chalecos antibalas y ametralladoras. Yo dormía en la cama de arriba y mi hermano en la de abajo.

¡Policía! ¡Policía!

Apenas desperté vi la luz de las linternas moviéndose de un lado a otro de la casa. Uno de los policías entró en mi pieza y me puso la ametralladora en la frente, me agarró del pecho y quiso arrojarme de la cama, pero con rapidísimos reflejos Leo amortiguó mi caída.

¡Está recién operado!, gritó mi hermano y lo mismo mi mamá desde la otra pieza. Mis hermanas Day y Meli lloraban desconsoladamente. También mi abuela, mis primitas, mi tía, mi tío y todos los que vivíamos apretados en esa casilla miserable. Daban más que terror esos encapuchados que nos apuntaban con ametralladoras. Me esposaron y me sentaron en una silla, esposaron a mi hermano Leo, a mi mamá y a mi abuela. Me dijeron cuál era el delito que se nos imputaba, nada menos que secuestro extorsivo. En vano intenté pedir que les sacaran las esposas a mi mamá y mi abuela. En vano intenté explicar que únicamente me correspondía a mí ser maltratado. Nos rompieron todo lo que pudieron. La puerta, la tele, el equipo de música, la heladera, platos, vasos. Dieron vuelta toda la casa, pero no encontraron nada comprometedor. A esa altura yo ya no guardaba ningún arma en mi casa. Solo hallaron algún que otro objeto robado que me había traído de alguna casa, pero no mucho más. Me daba demasiada impotencia ver a mi madre y mi abuela esposadas por mi culpa. Luego que revisaron y destruyeron todo a su antojo, se dispusieron a llevarnos a un camión de la policía. No dejaron que agarrara mis muletas, por lo cual dos policías tuvieron que llevarme en andas, uno de cada brazo. En el camino, a pesar de que me habían encapuchado para que no se me viese la cara, pude observar de costado que había varios medios de comunicación trasmitiendo desde el patio de mi casa. Nos subieron a todos al mismo camión; las celdas medían menos de un metro cuadrado, eran de chapa y casi no corría el aire. A mi mamá, a mi abuela, a mi hermano Leo. Al rato, a Balita, a Pichu y a Cristian, el hermano de Pichu. Ninguno tenía nada que ver con el secuestro, no habían sido parte de la captura del brasileño ni tampoco se sumaron después a la casilla donde lo teníamos escondido. La policía nos dejó arriba del camión durante casi una hora, no nos permitían hablar entre nosotros. Tuve que luchar contra la claustrofobia de estar hacinado ahí dentro. Desde el camión pude ver a los distintos periodistas hablando en vivo y en directo ante las cámaras. Sentía mucha bronca, pero a la vez cierto orgullo. Nos llevaron a una comisaría. Dejaron a los varones en una celda y a mi mamá y mi abuela, en otra. Nos pusimos a hablar con mis amigos, creíamos que todo era un circo para los medios, que en pocas horas estaríamos de nuevo en la calle, o al menos, que esa sería la suerte de mis amigos que no tenían relación con el secuestro. Pero eso jamás sucedió. A las únicas que afortunadamente liberaron, tras doce horas de encierro, fueron a mi mamá y a mi abuela.

Esa misma noche, luego de estar todo el día sin probar siquiera un pedazo de pan, empezaron a trasladarnos a cada uno a su destino. A mi hermano Leo y a mí nos subieron a un patrullero y nos dejaron en un instituto de menores. A Balita, Pichu y Cristian los llevaron al penal de Ezeiza. El instituto adonde fuimos trasladados quedaba en la zona de Parque Chacabuco, en Capital Federal. El edificio tenía cinco pisos de alto, las paredes eran de un blanco desgastado por el paso del tiempo y el descuido, plagado de rejas oxidadas y puertas de grueso metal azul. Nos bajaron del patrullero y nos metieron en el lugar. Nos separaron al final de un pasillo. Mi hermano Leo fue enviado al sector de menores de dieciséis años y yo, al de mayores de dieciséis, en el bloque de al lado.

Apenas entramos escuchamos los gritos eufóricos del encierro, pibes que se hablaban de celda a celda o de pabellón a pabellón. Ya se sentía ese olor tan vivo y sepulcral. Yo seguía sin las muletas y tenía que moverme a los saltitos sobre la pierna izquierda, debido a que aún no podía apoyar bien la pierna derecha. Luego que me tomaron los datos, me desnudaron, me revisaron, volví a cambiarme y me dejaron esperando solo con las esposas puestas, que a esa altura ya me habían comido parte de la piel de las muñecas. En ese ínterin los gritos no cesaron, se escuchaban puertas chillar al cerrarse o abrirse, cumbia por parlantes detonados, ecos de carcajadas diabólicas. Era el alegre y macabro sonido de la cárcel. Recién ahí me cayó la ficha de todo, como si recién hubiese despertado de un embrujo. Lloré a moco tendido, la pierna me dolía mucho, pero más me dolía la imagen de mi mamá y mi abuela esposadas, con la cabezas tapadas, encerradas primero en ese camión y después en la comisaría.

Entró un guardia, frené mi llanto, volví a mi hombría. Jamás me mostraría débil ante un policía.

Podés subir escaleras, ¿no?

No, ¿no ves como tengo la pierna?

Ay, pobrecito. ¿Querés que te lleve a upa? Vas a subir esa escalera, así sea arrastrándote y aunque se te salgan los clavos de la pierna.

Yo no voy a subir nada porq… Antes de terminar la frase el guardia me dio una piña en la boca del estómago que me tiró al piso y me dejó sin aire. Yo seguía esposado con las manos detrás.

¿Vas a subir la escalera?

Desde el piso asentí con la cabeza. El guardia me tomó de un brazo y me condujo a la escalera.

Hasta el tercero vamos.

Para colmo era una escalera tipo caracol, cada piso equivalía a dos de los edificios normales. Iba saltando sobre la pierna izquierda uno a uno los escalones y si intentaba detenerme, el guardia me daba un palazo, por lo que prefería seguir subiendo así muriera en el intento. Finalmente llegamos hasta el tercer piso. Los ruidos carcelarios se escuchaban cada vez más fuertes. Se abrió una puerta, pasamos otra puerta, seguimos, otra puerta y llegamos a un pasillo lleno de celdas a los costados con dos pibes en cada una. Mientras avanzábamos empezaron a gritarme de todo.

¡Ehhh, ingreso! ¡Guacho, acá está el secuestrador! ¡Bien ahí, amigo!

Eh, ortiva, dale las muletas al pibe, ¿no ves cómo tiene la pierna?

¿Qué onda la Gardel? Bien ahí, guacho, eh, alto secuestro se mandaron.

¡Eh, rancho! ¡Te vimos en la tele! ¡Bien ahí, bien ahí!

De todas las celdas, cercanas y lejanas, salían voces que me felicitaban. Creí que me meterían en alguna de ellas, pero seguimos caminando y nos alejamos de ese sector hasta que llegamos a la puerta de una celda vacía que tenía la ventana rota, por donde entraban unas implacables correntadas de aire frío.

¿Por qué me dejan acá, oficial?

Esta es la celda de ingreso, mañana bajás a población.

El guardia cerró la puerta y yo quedé ahí solo en la oscuridad, aturdido. Me preguntaba qué sería de mi hermano Leo, de Balita, de Pichu y de Cristian. Miré por la ventana rota hacia afuera, se veía la ciudad muy cerca y los centinelas rondando allí abajo. A lo lejos se escuchaba que los pibes me seguían gritando: ¡Eh, la Gardel!, una y otra vez. Es típico en la cárcel que apenas ingreses te llamen por el nombre de tu barrio. Me sentía algo triste, temblaba por el frío y por el dolor en la pierna, pero más grande era mi sentimiento de dicha. No es sencillo ser recibido con laureles en una cárcel. No me había muerto como tanto quería, pero al menos estaba adentro de una tumba.

Agradecimientos

A Ana Pérez, por su plena confianza y libertad para escribir este libro.

A Lucrecia Martel, por honrarme con su lectura, sus sugerencias y su amistad.

A Leo Oyola, por sus hermosas palabras.

A mis hermanos, hermanas, sobrinos, sobrinas, primos, primas y tíos.

A mis amigos Sofía Gala, Sergio Rotman, Nahu Prado, Rodrigo Lugones, Santiago Gómez, Carmen Burguess, Tomás Nochteff, por escucharme y aconsejarme mientras escribía.

A la familia Bilinkis, por su amor.

A mis vecinos, amigos y amigas de la Gardel y otros barrios populares, como Manu, Esteban, Vicky y tantos.

A Patri y a Mótor, por salvarme la vida.

A los médicos y los enfermeros del hospital Posadas que no me dejaron morir.

A Jorge Gurbanov, por su apoyo incondicional desde el comienzo.

A la familia Arndt. A Lucía, Sole y Ale Berco. A mi tribu fóbica. A Directores Argentinos Cinematográficos (DAC). A Juan Minujín, Érica Rivas, Pablo Codino y otros de los que seguro me estoy olvidando por ayudarme cuando más lo necesitaba.

A Nicolás María Espert.

A quienes me aman y a quienes me odian.

A Jean Genet, Jack Kerouac, Jack London, Roberto Arlt y Angela Davis, entre otros, por inspirarme con su literatura para el presente libro.

A mi papá, a pesar de todo.

Al Gauchito Gil.

Índice

La mierda flota ... 9
Una isla ... 11
La avenida Marconi ... 13
Dos madres ... 15
Linyera ... 17
Don Segundo y doña Tomasa ... 19
Las excursiones ... 21
Ángeles y demonios ... 23
Noches huérfanas ... 25
La plaza Alsina ... 28
La ocasión hace al ladrón ... 29
Boxes ... 31
David y Goliat ... 33
Tormenta ... 34
El olor de las almas encerradas ... 36
El sonido de la libertad ... 37
Cable ... 38
Estrella ... 41
El Loco Jerry ... 42
Socios en el infierno ... 43
Un lugar más grande ... 45

ADN 46
Ritornelo de nombres y hechos 47
Cómo se apaga un alma 49
Madurez 51
Sed 53
Oasis 54
La Navidad plebeya de Dionisio 56
19 de diciembre 58
20 de diciembre 60
Noche Buena 61
El inmortal 62
Tregua 66
Amigos de otro mundo 67
Intifada 70
Racha negra 72
Debacle 74
Giladas 77
El ascenso 78
Rally 81
CD 86
Al fin un poco feliz 87
El bohemio 89
Campeones 91
Insignia 94
Peor 97
Belleza herida 99
Lanús 103
Jaqueline 106
Derby 112
Año nuevo 114
Mótor 119

32 largo 120
Ángel guardián 122
Tip-tip-tip 124
Escudo 126
El nene 127
Dibu 131
Blindado 137
Adidas, Nike, Reebok, Fila, Puma 141
Semidioses 143
Cuando un amigo se va 147
El segundo balazo 149
Rochos místicos 154
Breve armonía 156
Cacería 159
Garabato 164
Nueva oportunidad 168
Capeo 171
Atestado 178
Burocracia en el hades 179

Agradecimientos 185